KB079851

풍부한 그림과 함께 알아보는

AI 엔지니어의 모든 것

AI 엔지니어 연구회 지음

박재이 번역

머리말

요즘 AI 관련 뉴스가 보이지 않는 날이 없습니다. '전설의 가수가 AI로 부활!', '결국 프로 바둑 기사가 AI에게 패배!' 등과 같은 유명한 화제부터 '매장 무인화에 AI를 활용', '소비 행동 예측을 위한 빅 데이터를 AI로 분석' 등과 같은 비즈니스 화제까지, 폭넓은 분야에서 AI가 주목받고 있습니다. 저출산 고령화의 영향으로 갈수록 노동력 부족이 심각해지는 현대에, 인간만 할 수 있었던 복잡한 판단을 도맡아 하는 AI의 중요성은 날로 커지고 있습니다.

한편 AI 시스템을 개발하는 'AI 엔지니어' 부족 현상은 심각합니다. 'IT 기업의 인재 수요에 관한 조사'에 따르면, 앞으로 수만 명의 AI 인재가 부족할 것으로 추산되었습니다. 상황이 왜 이렇게까지 되었을까요?

바로, AI 엔지니어는 기존 IT 엔지니어와는 다른 기술을 갖춰야 하기 때문입니다. IT 엔지니어가 AI 엔지니어로 이직하는 것도 쉽지 않을 뿐더러 AI 엔지니어의 육성 자체도 늦어지고 있는 것이 현 상황입니다.

그러나 바로 이런 상황이기에, 향후 AI 엔지니어가 되는 것은 매우 유망하고도 의미 있는 일입니다.

이 책에서는 'AI 엔지니어란 어떤 직업인가'를 현실적인 시점에서 파헤치고 있습니다. AI 엔지니어가 되고 싶은 분은 물론, AI 엔지니어 육성에 필요한 핵심을 알고 싶은 분이나, 앞으로 AI 시스템을 개발하고 싶은 기획자, 사업자 등 엔지니어 이외의 독자에게도 도움이 되도록 'AI 엔지니어의 기본 중의 기본'부터 설명했습니다.

이 책을 발판 삼아 AI 엔지니어의 세계나 AI 엔지니어가 갖추어야 할 기술을 이해하고 나아갈 길을 갈고 닦는다면 글쓴이로서 매우 기쁠 것입니다. 독자 여러분이 AI 엔지니어로서 활약할 날을 기대하겠습니다.

이 책을 집필하는 데 수많은 기업이 도와주셨습니다. 이 자리를 빌려 깊이 감사드립니다.

AI 엔지니어 연구회

Contents

1장
AI 업계의 현 상황과 기초 지식

2장
AI 엔지니어의 업무와 체계

3장
AI 엔지니어의 구인 상황과 일하는 방법

4장
AI 엔지니어가 되려면?

5장
AI 시스템의 개요

6장
AI 모델의 구축과 PoC

7장
AI 시스템을 만들다

8장
AI 시스템의 운용

9장
AI 엔지니어가 되었다면

1장

AI 업계의 현 상황과 기초 지식

AI는 다양한 분야에서 활발히 활용되고 있습니다. 1장에서는 AI
가 무엇을 할 수 있는지, 어떤 분야에서 활용되고 있는지, AI 엔
지니어는 무엇을 하는 직업인지를 살펴봅니다.

01 폭넓게 쓰이는 AI

AI는 폭넓은 업종에서 활용되고 있는, 인간의 부담을 덜어주는 획기적인 기술입니다. 그렇다고 '만능'은 아닙니다. AI는 한정된 일만 할 수 있습니다. 우선은 AI란 무엇인지, 어떤 장면에서 쓰이는지를 설명하겠습니다.

⚪ AI란?

AI란 Artificial Intelligence의 약어로, 인공지능이라고도 불립니다. 잘 모르는 분들은 AI가 마치 무엇이든 가능한 꿈 같은 기술이라며 과도한 기대를 걸기 쉬운데, AI도 할 수 있는 일이 있고 할 수 없는 일이 있습니다. AI 엔지니어에 관해 알아보기 전에 현재의 AI는 무엇이 가능한지를 알아보도록 하겠습니다.

● 특정한 것만을 처리한다

현재의 AI 기술로 가능한 일은 한정되어 있습니다. 그 키워드가 **'특화형 AI'와 '범용형 AI'**입니다. 특화형 AI는 이미지 처리나 자동 운전, 인간과의 대화 등 특정한 것만을 처리하는 AI입니다. 범용형 AI는 특정한 작업에 한정하지 않고 폭넓게 대응하는 AI로, 인간처럼 폭넓은 문제를 해결하기 위한 AI입니다.

현재의 기술로 실용화할 수 있는 것은 특화형 AI입니다. '특정 업무만 자동화하기'처럼 특정한 영역에만 적용할 수 있습니다.

■ 특화형 AI와 범용형 AI

특화형 AI	범용형 AI
특정한 것만을 할 수 있다 자동 운전, 이미지 처리, 인간과의 대화 등	특정한 작업에 한정하지 않고 폭넓게 대응할 수 있는 인간과 같은 문제 해결 능력을 지닌다

● 기계적으로 처리한다

다른 시점으로 본 키워드로서 **'강한 AI'와 '약한 AI'**가 있습니다. '강한 AI'란 의식·사고를 지니며 인간처럼 능동적으로 기능하는 AI입니다. 한편 '약한 AI'란 의식 · 사고 없이 학습한 대로 수동적으로 기계적인 행동을 할 뿐입니다.

강한 AI는 기술적인 장벽이 높아서 아직 제대로 된 실현에 이르지 못하고 있습니다. 현 시점에서 널리 이용되는 AI는 의식 · 사고 없이 학습한 대로 작업을 실행하는 약한 AI입니다.

■ 강한 AI와 약한 AI

강한 AI
의식 · 사고를 지닌다 인간처럼 능동적으로 행동할 수 있다

약한 AI
의식 · 사고를 지니지 않는다 학습한 대로 기계적 · 수동적으로 행동한다

즉, 현 상황에서 실용화된 AI는 '**특화형의 약한 AI**'입니다. 범용형이자 강한 AI인 '뭐든 다 할 수 있는 만능 AI'는 아직 나오지 않았습니다.

◎ AI의 처리는 '식별', '예측', '실행'의 조합

실용화된 AI는 이미지 처리나 자동 운전, 인간과의 대화와 같은 특정한 일을 처리합니다. 이것들을 실현하기 위해 AI가 하는 일은 크게 나누어 '**식별**', '**예측**', '**실행**' 등 세 가지입니다.

● 식별

입력된 데이터를 식별합니다. 이미지 인식의 경우 이미지에 찍힌 인물이 남성인지 여성인지, 어른인지 아이인지 등이 식별됩니다. CCTV 등에서는 특정한 인물의 이미지를 등록해 두면 등록된 인물이 카메라에 찍혔는지를 식별할 수 있습니다.

● 예측

입력된 데이터를 통해 미래에 일어날 일이나 결과를 예측합니다. 가령 매출 예측이나 주식 예측 등입니다. AI에 과거의 데이터를 대량으로 학습시킴으로써, 학습한 데이터의 추세를 파악하여 미래를 예측합니다.

● 실행

식별이나 예측의 결과에 기반한 처리를 실행합니다. 얼굴 인증 시스템이라면, 얼굴 사진이 등록된 인물을 인식하여 문을 열 수 있습니다. 주식 예측 애플리케이션이라면, 주식 예측을 바탕으로 매매 제안 등을 할 수 있습니다. 또한 자동차에서는 카메라나 레이저 등의 센서 정보를 통해 식별하여 최적의 운전 행동을 예상, 핸들의 방향이나 액셀, 브레이크 등을 제어(실행)하는 등의 일련의 흐름으로 구성되어 있습니다.

⚪ AI를 사용하는 이점

AI를 사용함으로써 '인물의 인식', '주가 예측', '자동 운전' 등 다양한 것을 실현할 수 있습니다. AI는 사전에 과거의 데이터들을 학습하여 법칙성과 관련성을 발견함으로써, 입력된 정보를 식별하여 정보를 분류하거나, 정보를 바탕으로 미래를 예측하거나, 분류와 예측 결과를 바탕으로 어떤 처리를 실행하기도 합니다.

AI의 이점은, 이러한 일련의 흐름을 인간에 비해 고속으로 실시할 수 있다는 것입니다. 가령 기존에는 공장에서 컨베이어 벨트로 이동하는 부품을 검품할 때, 숙련자가 직접 눈으로 확인하여 불량품을 가려냈습니다. 그러나 작업자에 따라 판단이 달라지기도 하고, 피로가 누적되면 작업 효율이 악화하기도 했습니다. 이러한 작업을 AI에 맡기면 **작업 효율을 유지하면서 일정한 품질을 확보**할 수 있습니다.

■ 작업 효율의 차이

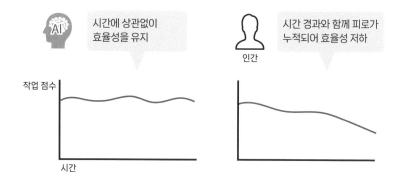

● AI가 사용되는 분야

인간을 도와주기 위해 다양한 업계에서 AI를 활발히 도입하고 있습니다. AI는 어떤 분야에서 필요한지 예를 들어 소개하겠습니다.

■ AI의 도입 분야 예시

● 건설이나 전력 등의 인프라

인프라를 조성하기 위해서는 건설 업무가 필수입니다. 그러나 건설 업무는 야외 육체노동이 주를 이루기에 작업자에게 큰 부담을 줍니다. 또한 인프라는 연중무휴 24시간 안정적으로 가동되어야 하므로 정기적인 점검과 보수가 필요합니다. 이때 AI를 탑재한 로봇이 긴급 출동하거나, 위험한 작업에 투입시키거나, 노후화 및 재해에 대비하여 AI로 고장을 예측한다면 시민 생활 유지에 큰 역할을 할 것으로 기대됩니다.

● 제조

제조업에서 'AI'라고 하면 로봇을 이용한 작업 효율화를 들 수 있습니다. 이미 로봇이 생산이나 검품 라인에서 로봇 팔을 야무지게 움직이면서 척척 작업하는 광경은 낯설지 않습니다.

최근에는 일손 부족을 해소하기 위해 숙련자의 움직임을 모방하여 신입을 훈련시키는 AI, 위험을 예측하여 작업자에게 경고하는 AI 등도 개발되었습니다.

●소매

고객의 구매 데이터나 매장 내 행동 분석부터 재고 조정이나 매력적인 상품 진열, 세일이나 이벤트 공지 등을 동적, 적극적으로 실시하여 구매 고객을 획득하는 전략이 활발히 시행되고 있습니다. 또한 이미지 인식을 통해 촬영한 상품 이미지로 계산할 수 있는 계산대를 도입한 매장도 있습니다. 바코드가 없는 상품에 가격표를 붙일 필요가 없고, 가격을 일일이 입력하는 수고도 줄기에 작업 능률이 올라갑니다.

●금융

주가 분석에 그치지 않고, 리스크 분석, 금융 상품 제안, 파이낸셜 플래닝 등의 AI화도 진행되고 있습니다.
나아가 대출 심사나 신용카드 부정 이용 감지 등 지금까지는 사람 눈으로 일일이 확인해야 했던 대량 데이터를 AI를 통해 고속으로 처리할 수 있게 되었습니다.

●의료

의료 분야는 이미지 처리 및 분석 시스템, 전자 진료 기록, 원격 진료 및 원격 의료 기술 지도 등 컴퓨터에 의한 효율화나 고도화가 진행되었습니다. 더욱이 AI의 도입으로 개별 환자에게 맞추어 의료 계획을 세우고 환자의 요구를 더욱 충실히 들을 수 있게 되었습니다. 이를 통해 의사, 간호사, 요양사 등 관련 인력 부족을 보완하고 부담을 덜 것으로 기대하고 있습니다.

●교육 분야

AI의 장점은 데이터를 수치화할 수 있다는 것입니다. 학생의 학습 상태를 AI로 분석함으로써, 학습 수준에 따른 교재를 제공할 수 있게 됩니다. 동시에 수업 개선과 교재 평가도 쉬워집니다. 또한 교사의 부담을 줄이고자 시험 답안 용지를 스캔한 후 AI로 채점하는 등의 방법으로도 활용되고 있습니다.

●서비스

AI를 매개로 고객과 효율적으로 소통합니다. 최근에는 수리 의뢰나 상품 주문을 전화나 메일로 하지 않고, 촬영한 이미지를 웹페이지에 업로드하거나 채팅으로 자세한 내용을 문의할 수 있는 서비스가 당연해졌습니다. 이때, 이미지에서 필요한 정보를 추출하거나 문의에 적절한 답을 선택하는 등의 작업을 AI로 하고 최종 판단만 인간에게 맡깁니다. 이러한 과정을 통해 더욱 신속하고 객관적인 분석과 판단이 기대됩니다.

AI로 인간을 보조하다

다양한 분야에서 AI를 활발히 도입하고 있습니다. 이때 공통점은 어떤 분야든 AI 기술이 인간의 일이나 생활을 보조하기 위해 활용되고 있다는 점입니다. AI 분야에서는 새로운 기술이 앞다투어 발표되면서 눈부신 진화를 거듭하고 있습니다. 앞서말한 분야 외에도 업무 효율화나 판단의 고도화, 인간 노동의 부담 경감에 AI의 활용이 기대되고 있습니다.

■ AI로 인간을 보조

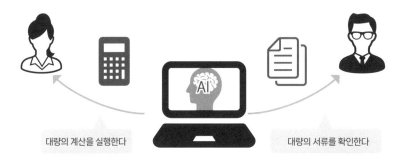

대량의 계산을 실행한다   대량의 서류를 확인한다

정리

- 현재 실용화된 것은 특정한 일을 기계적으로 처리하는 AI이다
- AI가 할 수 있는 일은 '식별', '예측', '실행'이다
- AI를 활용함으로써 업무 효율화, 판단의 고속화, 인간 노동의 부담 경감이 기대된다

02 기업의 AI 도입 동향

AI를 이용하면 이제껏 인간이 해왔던 업무 대부분을 기계에 맡길 수 있습니다. 이런 점에서 다양한 기업들이 기대를 하고 있는 상황입니다. 여기에서는 기업의 AI 도입률과 서비스 제공 상황을 소개하겠습니다.

⦿ AI와 IoT 기술을 이용한 시스템 및 서비스의 도입 상황

다양한 업계에서 AI를 활발히 도입하고 있습니다. 2018년 발표한 통신이용동향 조사보고서에 따르면 AI와 IoT 기술을 이용한 서비스 및 시스템을 도입한 기업은 12%에 그치는 것으로 나타났습니다. 산업별로 보면 금융 · 보험업, 정보통신업, 제조업의 도입률이 높았으며, 다른 사업에 비해 활발히 도입되었음을 알 수 있습니다. 도입을 검토하는 기업도 10%를 넘어섰기에, 향후 도입률 향상이 기대됩니다.

■ AI와 IoT 기술을 이용한 시스템 및 서비스 도입 상황(산업별)

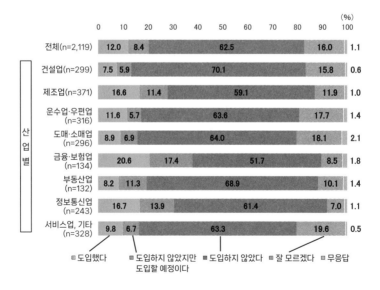

● IT 기업의 AI를 활용한 서비스 제공 상황

AI를 활용한 서비스 제공 상황은 IT 기업 중에서도 차이가 있습니다. 직원이 많은 기업 절반은 AI를 활용한 서비스를 제공하고 있습니다. 오히려 직원이 적을수록 서비스를 제공하는 기업은 적다고 할 수 있습니다.

IT 기업 전체를 보면 AI를 활용한 서비스를 실시하고 있다, 혹은 검토 중이라고 답한 기업은 전체의 절반을 넘습니다. 따라서 향후 더욱 성장할 것으로 기대되고 있습니다.

▪ IT 기업의 AI를 활용한 서비스 제안, 지원, 협업 상황

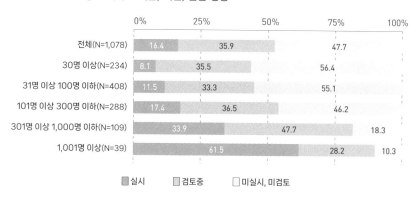

정리

▫ AI의 도입 혹은 도입을 검토 중인 기업은 약 20%이다

▫ 금융 · 보험업이나 정보통신업, 제조업에서 AI 도입이 활발하다

▫ IT 기업의 약 16%가 AI 서비스를 제공하고 있으며, 약 40%의 기업이 AI 서비스의 제공을 검토 중이다

03 AI 인재의 수요

AI 관련 업무에 종사하는 인재(AI 인재)는 'AI 연구자', 'AI 개발자', 'AI 사업 기획자' 등 세 종류로 나눌 수 있습니다. 각각 어떤 업무를 맡게 되며, 어떤 인재가 부족한지 자세히 살펴보겠습니다.

◯ AI 인재의 종류

AI에 종사하는 사람들은 어떻게 분류할까요? 'IT 인재백서 2019(IPA)'에서는 AI 인재를 다음 세 종류로 분류했습니다.

■ AI 인재의 종류

종류	정의
AI 연구자	[전문가 수준] AI를 실현하는 수리 모델(이하, 'AI 모델')에 관해 연구하는 인재. AI에 관련한 분야에서 학위(박사 등)를 보유하는 등 학술적인 소양을 갖추고 연구에 종사한다. AI에 관한 학술 논문을 집필 · 발표한 실적이 있거나, 적어도 자신의 연구 영역에 관한 학술 논문을 평소에 자주 보는 인재이다.
AI 개발자	[전문가 수준] AI 모델이나 그 배경이 되는 기술적인 개념을 이해한 상태에서, 그 모델을 소프트웨어나 시스템으로 구현할 수 있는 인재(박사 취득자 등을 포함하여 학술 논문을 이해할 수 있는 인재) [중간 수준] 기존 AI 라이브러리 등을 활용하여 AI 기능을 탑재한 소프트웨어나 시스템을 개발할 수 있는 인재
AI 사업 기획자	[전문가 수준] AI 모델이나 그 배경이 되는 기술적인 개념을 이해한 상태에서, AI를 활용한 제품 · 서비스를 기획하고 시장에 내놓을 수 있는 인재(박사 취득자 등을 포함. 학술 논문을 이해할 수 있는 수준의 인재) [중간 수준] AI의 특징이나 과제 등을 이해한 상태에서 AI를 활용한 제품 · 서비스를 기획하고 시장에 내놓을 수 있는 인재

AI 연구자는 대기업 연구 부문이나 대학 등에 적을 두고, 전문적으로 AI 모델을 연구하는 사람들입니다. 이 책에서 말하는 **AI 엔지니어는 AI 모델을 이용한 시스템을 구축하는 AI 개발자를 가리킵니다.** AI 사업 기획자는 AI 시스템을 기획하는 사람으로, AI 개발자와 긴밀히 소통합니다.

AI 시스템 개발을 실제 직종에 대입해 보면 네 개로 분류할 수 있습니다(자세한 것은 2장에서 설명).

■ AI 시스템 개발에 종사하는 직종

직종	업무 내용
프로젝트 매니저	AI 시스템의 프로젝트를 총괄한다. 프로젝트의 규모가 작으면 플래너도 겸한다. AI 사업 기획에 해당
플래너	AI 시스템 기획과 사양을 정리한다. AI 사업 기획에 해당
데이터 사이언티스트	AI 시스템으로 다루는 데이터를 정리하여 AI 모델을 설계한다. AI 개발자지만 AI 연구자 요소도 있다
AI 엔지니어	AI 모델을 이용한 AI 시스템을 구축한다. 기획에 따라서는 AI 모델 설계도 한다. AI 개발자에 해당

COLUMN 리서처

기업에 따라서는 새로운 기술 연구를 전문으로 한 리서처(AI 리서처)라고 불리는 인재가 있습니다. 리서처는 AI 연구자에 해당합니다. AI 시스템을 개발하는 프로젝트나 팀에 소속되기도 하지만 리서처는 대부분 연구 팀의 일원으로서 최신 기술을 연구합니다. 리서처가 연구한 정보가 AI 엔지니어에게 전달되어 신규 AI 시스템을 개발하는 패턴도 있습니다.

● 연구에 따라 새로운 서비스를 창출한다

연구 팀   새로운 기술을 활용하여 서비스를 개발한다   AI 시스템 프로젝트 팀

⚪ AI 서비스의 성공에는 인재 확보가 필수

AI를 이용한 시스템이나 서비스를 개발하려면 인재 확보가 필수입니다. AI 인재가 있는 IT 기업이라면 대체로 1~5명 정도일 것입니다. 이들은 'AI 개발자〈중간 수준〉' 가 가장 많으며, 이어서 'AI 사업 기획자〈중간 수준〉' 수입니다.

■ AI 인재의 확보 상황

IT 기업의 인공지능(AI)에 종사하는 인재(AI 인재) 확보 상황[직원 규모별]

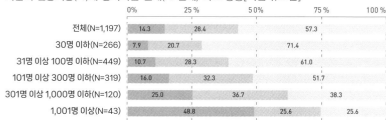

IT 기업의 AI 인재 수

AI 인재 내역

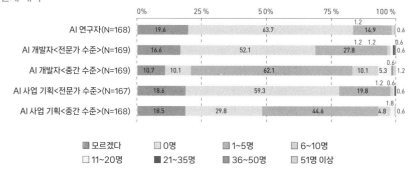

IT 기업 중 무려 70%가 'AI 개발자가 부족하다'고 답했습니다. 중장기적인 미래에는 AI 도입이나 서비스 제공을 검토할 수 없어서인지, 인재가 얼마나 필요한지 모르는 기업도 많아서 전체의 30~40%를 차지합니다. 한편 '부족하다'가 '현재'는 70%를 넘어섰으며, 장기적인 미래에도 50% 이상의 기업이 부족함을 느끼리라 예상됩니다. 따라서 앞으로는 더욱 많은 AI 개발자의 활약이 기대되고 있습니다.

■ IT 기업이 AI 개발자 과잉, 부족감

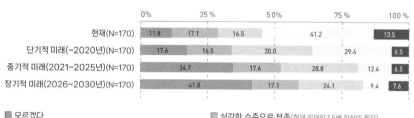

출처 : IT 인재백서 2019 IPA

 정리

▶ AI 시스템 개발에 필요한 것은 'AI 개발자'와 'AI 사업 기획'이다

▶ 전문가보다 중간 수준의 수요가 높다

▶ AI 개발자가 부족한 IT 기업은 70%를 넘는다

 AI와 IoT

IoT란 Internet of Things의 약자로 '사물 인터넷'으로 번역됩니다. 과거 인터넷은 컴퓨터끼리만 연결하는 것이었습니다. 하지만 현재는 공장 로봇이나 CCTV 등 컴퓨터 외의 기기도 인터넷으로 연결되어 있습니다.

IoT를 활용함으로써 CCTV로 촬영한 영상, 마이크로 녹음한 음성, 센서로 감지한 습도나 온도 등 다양한 데이터가 실시간으로 모여들게 되었습니다. 모인 데이터는 AI 모델의 학습 데이터나 AI 시스템에 입력하는 데이터로 활용됩니다.

따라서, AI와 IoT는 떼려야 뗄 수 없는 관계인 것입니다.

■ **다양한 기기가 인터넷으로 연결된다**

2장

▼

AI 엔지니어의
업무와 체계

같은 AI 엔지니어라 해도 업무는 다양하며, 도맡는 업무 범위
도 넓습니다. 2장에서는 AI 엔지니어의 업무가 어떤 것인지, 그
개요를 살펴봅니다.

04 AI 엔지니어는 어떤 사람일까?

'AI 엔지니어'라는 직업의 역사는 아직 짧고 업무로 다루는 범위도 넓기에, 그들이 하는 일이 어떤 일인지 한마디로 정의하기란 어렵습니다. 그래서 우선은 AI 엔지니어가 하는 일의 구성과 전체상을 파악해 보겠습니다.

◎ AI 엔지니어로 가는 길은 다양하다

AI 엔지니어란 한마디로 말하자면 '데이터 분석(애널리틱스)'과 '프로그래밍'을 담당하는 엔지니어입니다. AI 시스템(AI 모델을 이용해 처리하는 시스템) 개발, 운용 및 유지보수가 주요 업무입니다.

초반에는 'AI 엔지니어가 되기 위한 학과를 졸업하고 AI 엔지니어로서 취직'한 사람이 많지 않았습니다. 기업에서 AI에 대한 관심과 필요성이 커짐에 따라 기술 · 정보 계열 일을 해온 사람이 AI 연구 · 개발에 종사하게 된 경우가 대부분입니다.

AI 엔지니어가 되는 계기로는 다음과 같은 예를 들 수 있습니다.

● 하드웨어를 개발하다가

전자공학이나 로봇공학 등 하드웨어의 동작을 소프트웨어로 제어하는 연구를 해온 사람들이 제어 기술을 더욱 고도화하기 위해 AI 연구를 시작하기도 합니다.

● 빅데이터를 분석하다가

'분석'에 머물던 빅데이터를 더욱 적극적으로 '이용 및 활용'하기 위해 데이터를 보유한 회사 안에서 AI 부문이 생기는 일도 많습니다.

● 지금까지의 업무 연장선 상에서

AI가 새로운 분야라 해도 '입력을 처리하여 출력한다'는 공정이 필요하다는 사실은 변함이 없습니다. 또한 AI를 중심으로 둔 새로운 시스템을 처음부터 만들어 나가는 것보다, 기존 시스템에 AI를 결합하는 수요가 더욱 많은 것이 실상입니다. 전혀 지식이 없는 상태에서 새로운 기능을 적용할 수는 없을 것입니다. 따라서 AI에 관해 공부하여 지식이 쌓이면 AI와 관련한 일로 옮기기도 합니다.

● 통계를 다루는 연구를 하다가

통계를 다루는 연구는 이공계열뿐 아니라 경제 · 사회 · 심리학 분야에서도 체계화되어 있습니다. 이러한 분야의 통계 지식과 기법을 활용하여 AI 업계로 진출하는 사람도 적지 않습니다.

● AI를 필요로 하는 현장에서

AI가 다양한 분야에 도입됨에 따라 의료, 방재, 유통 등 '당장 현장의 과제 해결에 AI가 필요'할 때가 있습니다. 그것이 동기가 되어 AI 연구를 시작하는 사람도 많아질 것입니다.

■ AI 관련업에 종사하게 된 경위

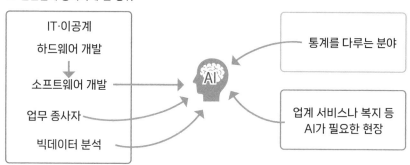

○ AI 엔지니어는 두 유형으로 나뉜다

AI 엔지니어는 '데이터 분석'과 '프로그래밍'을 담당하는 엔지니어라고 설명했습니다. 따라서 데이터 사이언티스트에 가까운 형태로 AI 모델(38쪽 참조) 생성부터 AI 시스템 적용 및 운용까지 하는 AI 엔지니어와 AI 시스템 설치 및 운용을 중심으로 하는 AI 엔지니어, 두 유형으로 나뉩니다.

■ AI 엔지니어는 두 유형

데이터 사이언티스트에 가까운 AI 엔지니어

AI 모델 생성부터 AI 시스템 적용 및 운용까지 동시에 담당한다.
모델 작성을 위해 데이터도 분석하기 때문에 수학이나 통계 지식이 요구된다.

적용 및 운용을 중심으로 한 AI 엔지니어

데이터 사이언티스트가 생성한 AI 모델을 이용하여, 주로 AI 시스템의 적용 및 운용을
담당한다.

○ 데이터 사이언티스트와 AI 엔지니어

데이터 사이언티스트는 AI 시스템으로 다루는 데이터를 정리하여 시스템의 두뇌인
AI 모델을 만듭니다. 확률·통계, 수학(벡터와 행렬, 텐서, 미적분 등)과 함께 Python
등의 프로그래밍 지식이 필요합니다.

AI 모델을 생성할 때는 TensorFlow나 PyTorch 등 정평이 나 있는 공개 라이브러리
를 이용합니다. 일반적으로는 이들을 직접 활용하거나, 이들과 같은 메커니즘으로
독자적인 코드를 짜서 AI 모델을 생성합니다. 그러나 적절한 코드를 짰는데도 문제
가 발생했을 때 수정할 수 있으려면 라이브러리의 구조를 이해해야 합니다.

데이터 사이언티스트가 생성한 AI 모델을 시스템에 적용하여, 테스트를 거쳐 운영
해 나가는 것이 AI 엔지니어가 하는 일입니다. 따라서, 구현한 AI 모델에 요구되는
데이터와 그 결과를 제대로 이해한 후에 적용해 나가야 합니다.

이들 AI 모델 생성부터 시스템에 적용하기까지의 작업을 데이터 사이언티스트에 가
까운 AI 엔지니어가 담당하기도 합니다. 기업에 따라 데이터 사이언티스트와 AI 엔
지니어의 업무 범위가 다르기 때문입니다. 이 책에서는 데이터 사이언티스트가 AI
모델을 만들고, AI 엔지니어가 AI 모델을 바탕으로 시스템에 적용한다는 흐름을 기
본으로 두고 개발 공정을 설명해 나가겠습니다. 하지만 데이터 사이언티스트의 작
업을 AI 엔지니어가 하기도 한다는 사실을 염두에 두기 바랍니다.

■ 데이터 사이언티스트와 AI 엔지니어

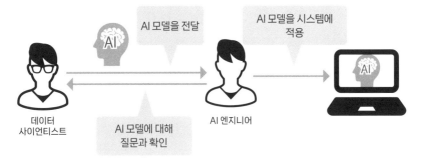

● AI 모델을 생성한 후

AI 엔지니어는 AI 모델을 생성한 후, 혹은 AI 모델 생성과 동시에 AI 모델을 적용한
시스템 전체를 설계하여 적용합니다. 고객의 요구에 맞추어 웹 애플리케이션이나
스마트폰 애플리케이션 등도 개발하여 유저가 조작할 수 있도록 합니다. 기존 업무
시스템이나 웹 애플리케이션 개발 등과 마찬가지 작업(사양 생성, 적용, 테스트, 운영)
을 합니다.

정리

▣ AI 엔지니어는 데이터 분석과 프로그래밍을 담당한다

▣ 데이터 사이언티스트에 가까운 AI 엔지니어와, 설치 · 운영을 담당하는 AI 엔
지니어가 있다

▣ 데이터 사이언티스트와 AI 엔지니어의 연계는 필수다

05 AI 엔지니어와 관여하는 사람들

회사와 프로젝트의 목적 및 내용에 따라서도 다르지만 AI 모델을 이용한 시스템 개발에는 대략 다섯 직종의 사람들이 AI 엔지니어와 연계하면서 프로젝트를 진행해 나갑니다.

○ AI 시스템 개발에 관여하는 직종

AI 엔지니어가 개발을 진행할 때는 '**프로젝트 매니저**', '**플래너**', '**데이터 사이언티스트**', '**프로그래머**', '**인프라 엔지니어**' 등 다섯 직종의 사람들과 연계합니다.

■ AI 시스템 개발에 관여하는 직종

기획	데이터 분석 (개발에 포함되는 경우도 있음)	개발
프로젝트 매니저 플래너	데이터 사이언티스트	프로그래머 인프라 엔지니어

● 프로젝트 매니저(Project manager)

프로젝트 매니저(이후 PM으로 지칭)는 프로젝트 팀의 사령탑을 가리킵니다. AI 프로젝트의 기획부터 개발, 운영까지 전 공정에 관여합니다.

PM의 중요한 역할은 프로젝트 팀원과 태스크 관리입니다. 프로젝트의 각 단계에서 어떤 엔지니어가 몇 명 필요하고, 시간이 얼마나 걸릴지 생각합니다. 또한 고객과 각 엔지니어는 직접 소통하는 것이 아니라 기본적으로는 PM을 통해 프로젝트를 진행합니다.

AI 시스템에서도 기본적인 업무 내용은 일반적인 업무 시스템이나 웹 시스템 등의 개발 프로젝트의 PM과 같습니다. 데이터 사이언티스트와 고객을 잇는 다리가 되기 위해 AI의 기본적인 지식은 당연하고, 다루는 방식에 관해서는 더욱 깊은 지식을 갖추어야 합니다.

■ PM을 중심으로 일한다

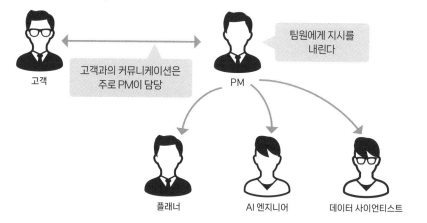

● 플래너(Planner)

플래너는 AI 시스템의 기획이나 사양을 만드는 사람입니다. 규모가 작은 프로젝트에서는 PM이 플래너를 겸하기도 합니다.

PM과 플래너가 나뉘어 있다면, 고객과의 소통은 PM이 하고 사양 제작과 같은 실무는 플래너가 하는 등의 형태로 작업을 분담하여 진행합니다.

● 데이터 사이언티스트(Data scientist)

데이터 사이언티스트는 고객에게 제공받은 데이터를 검토하여 어떤 AI 모델(데이터를 평가·판정하기 위한 처리 로직)이 적절한지를 제안하는 역할을 합니다. 프로젝트에서 사용하는 AI 모델의 원형(프로토 타입)이 완성되기까지의 공정에 깊이 관여합니다.

어떤 AI 모델이 적절한지를 판단하기 위해서 어떤 데이터가 어느 정도 필요할지, 데이터를 어떻게 수집할지, AI 모델에 입력하는 데이터를 어떻게 처리할지 등을 검토합니다. 수집한 데이터는 그대로 AI 모델에 사용할 수 없는 경우도 많으므로 학습(112쪽 참조)에 사용할 수 있도록 데이터를 정비하는 것도 업무 중 하나입니다.

앞에서 설명했듯, 기업이나 프로젝트에 따라서는 AI 엔지니어가 데이터 사이언티스트를 겸하기도 합니다.

● 프로그래머(Programmer)

프로그래머는 실제로 AI 시스템의 프로그램을 만드는 사람입니다. 회사나 프로젝트에 따라서는 AI 엔지니어가 스스로 시스템을 적용하기도 하지만, 어느 정도 규모가 있는 시스템이라면 AI 엔지니어가 시스템 전체를 설계한 후 프로그래머에게 개발을 의뢰합니다. 또한 프로그래머는 **백엔드와 프론트엔드**로 나뉩니다. 개발된 시스템을 테스트할 때는 AI 엔지니어도 관여합니다.

① 백엔드(Backend)

서버 사이트나 데이터베이스 등 AI 모델을 적용한 처리를 담당하는 프로그래머입니다. 데이터 사이언티스트가 고안한 로직(AI 모델)이 실제로 돌아가도록 적용해 나갑니다. 인프라 엔지니어와 연계하여 고객의 기존 시스템에 AI 시스템을 결합하는 공정에 관여하기도 합니다.

② 프론트엔드(Frontend)

유저 인터페이스를 만드는 프로그래머입니다. 웹 페이지나 스마트폰 애플리케이션을 만듭니다. 기존의 프로그래밍과 크게 차이가 없지만 대량 데이터를 어떻게 다룰지, 데이터를 얼마나 보기 쉽게 표시할지 등이 AI 엔지니어에게 기본적으로 요구됩니다.

● 인프라 엔지니어

인프라 엔지니어는 가동하는 서버나 네트워크 등을 구축하는 사람입니다. 생성할 AI 시스템이 고객이 만족하는 속도로 돌아가도록 인프라에 필요한 리소스를 선정하고 설계하는 일 등을 합니다.

최근에는 클라우드, 가상화, 마이크로 서비스, 병렬 처리, 스케일 업, 서버리스 컴퓨팅 등 인프라 기술도 다양화 및 고도화되어 있으므로 폭넓은 지식이 필요합니다. 반대로 고객이 구축형(On-premise, 자사 설치) 운용을 희망한다면 그것에 대응할 기술도 필요합니다.

AI 시스템은 기존 시스템에 비해 다루는 데이터양이 많고, 계산 능력(CPU나 GPU의 성능)도 좋아야 합니다. 인프라 구축에 있어서는 이러한 점도 고려할 필요가 있습니다.

■ AI 엔지니어와 프로그래머와 인프라 엔지니어

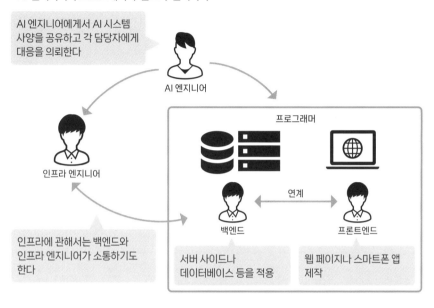

정리

▶ AI 프로젝트는 AI 엔지니어 외에 프로젝트 매니저, 플래너, 데이터 사이언티스트, 프로그래머, 인프라 엔지니어가 관여한다

06 AI 시스템 개발의 전체상 파악

AI 시스템 개발에는 앞서 소개한 사람들이 연계하여 작업합니다. 여기에서는 AI 시스템 개발의 대략적인 흐름을 소개하겠습니다.

● 시스템 개발의 흐름

AI 시스템의 개발은 대략 네 개의 공정으로 나뉩니다. 일반적인 시스템 개발과 크게 다르지 않지만 PoC(개념 검증)라는 공정이 들어가는 것이 특징입니다. 자세한 내용은 5장에서 다시 설명하겠지만 여기에서는 전체의 흐름을 간략히 설명하겠습니다.

■ AI 시스템 개발의 흐름

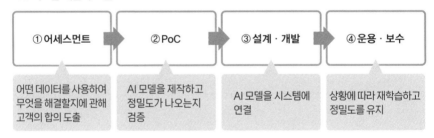

① 어세스먼트	② PoC	③ 설계 · 개발	④ 운용 · 보수
어떤 데이터를 사용하여 무엇을 해결할지에 관해 고객의 합의 도출	AI 모델을 제작하고 정밀도가 나오는지 검증	AI 모델을 시스템에 연결	상황에 따라 재학습하고 정밀도를 유지

① 어세스먼트(Assessment)

어세스먼트란 '객관적으로 평가한다'는 뜻입니다.

최초 공정에서는 영업(비즈니스 컨설턴트)이 고객으로부터 'AI를 이용하여 이런 일이 하고 싶다'는 의뢰를 받습니다. 그러나 그것은 막연하기에 목표가 명확하지 않습니다. 이때 종합적인 평가를 하고 어떤 데이터를 이용해 무엇을 AI로 해결할지까지를 구체화합니다.

어세스먼트 단계에서 어디까지를 AI 시스템으로 실현할 수 있는지, 무엇이 불가능한지, AI 시스템을 어떻게 운용하는지 등을 고객과 합의해 두어야 합니다. 어세스먼트만 1~2개월이 걸리기도 합니다.

② PoC

PoC란 'Proof of Concept(개념 검증)'의 약어로, '피오시'나 '폭'이라고 불립니다. 산업계에서 널리 사용되는 용어로 '시제품을 고객에게 보여 주고 본 제품 개발로 넘어갈지 정하는 것'을 의미합니다.

동작의 핵심이 되는 AI 모델을 생성하여 컴퓨터상에서 돌려보고, 고객이 기대하는 동작을 얻을 수 있는지를 파악합니다. AI 시스템 대부분의 검토 사항은 '예측의 정확도가 충분히 높은가'입니다. AI 시스템처럼 정해진 완성 이미지가 없는 제품이라면 이 PoC까지의 공정이 중요합니다. PoC의 단계에서 실현 불가능하다고 판단된다면 프로젝트를 중지하기도 합니다.

③ 설계 · 개발

PoC가 완료되면 AI 모델을 시스템에 연계합니다. 이 단계는 기존 IT 시스템 개발과 거의 다르지 않습니다.

④ 운용 · 유지보수

운용 · 유지보수란 AI 시스템이 정상적으로 계속 작동하도록 관리하는 것입니다. 필요 이상의 부하가 걸리지 않는지 모니터링하고, 비상시를 대비하여 정기적으로 데이터를 백업합니다. 유사시에는 신속히 복구해야 합니다. 또한 AI 시스템의 작업으로서, AI 모델 예측이나 분석 결과의 정확성을 유지하기 위한 AI 모델의 재학습(200쪽 참조) 등이 있습니다. AI 시스템의 특성에 따라 가동 중에도 동시에 재학습할 수 있는 것도 있고, 재학습을 위해 가동을 중단해야 하는 것도 있습니다.

정리

▶ AI 시스템 개발은 평가, PoC, 설계 · 개발, 운영 · 유지보수 등의 4가지 공정으로 나뉜다

▶ AI 시스템 개발에서는 시제품을 만들어 평가하는 PoC까지의 단계가 중요하다

07 | PM의 업무와 역할

PM은 AI 프로젝트의 사령탑입니다. AI에 대한 폭넓은 지식이 필요한 것은 물론, AI 프로젝트만의 업무 진행 방식도 고려해야 합니다.

● PM은 프로젝트 전체를 총괄한다

IT 프로젝트에서는 PM도 자신이 관리하는 프로젝트에 대한 기술적 이해가 어느 정도 필요합니다. PM이 엔지니어로서의 지식과 기술을 갖춘다면 더욱 좋은 성과를 기대할 수 있습니다. 따라서 AI 엔지니어에서 PM이 되거나, AI 엔지니어가 PM을 겸하는 경우도 있습니다.

PM의 업무는 다양하지만, 그중에서도 **프로젝트 팀 매니지먼트와 고객 대응**이 가장 중요하다고 할 수 있습니다.

● 프로젝트 팀 매니지먼트

매니지먼트는 사람, 시간, 돈 등의 사용법을 생각하며 일을 진행하는 것을 말합니다. IT 프로젝트는 구성원 수가 100명, 1000명 단위일 때도 있지만, AI 프로젝트는 이러한 대규모가 아닌 수 명에서 수십 명 정도의 규모입니다. 따라서 AI 엔지니어 한 명이 여러 프로젝트를 동시에 진행하는 경우가 대부분입니다. 그렇기에 구성원들은 각자 주요 역할을 담당하면서 서로를 보조해야 합니다. PM은 상황에 따라 어떤 사람이 몇 명이나 필요한지 파악하면서 팀원을 조정합니다.

■ 팀 멤버 관리

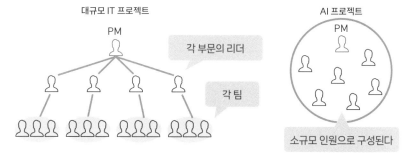

● 고객 대응

PM은 프로젝트 대표로서 고객과 소통해야 하는 일이 많습니다. AI 시스템 개발의 목적은 고객에게 이익을 제공하는 것입니다. 정확도가 높은 AI 모델을 만드는 것만으로는 충분하지 않고, 고객의 요구와 실정에 맞게 대응해야 합니다.

또한, AI 프로젝트 진행 방식이 정립되어 있지 않기에 프로젝트에 대한 고객의 이해가 부족할 때가 적지 않습니다. 따라서 고객과 직접적으로 관여하는 PM이 다양한 제안을 해야 할 일이 생깁니다. 특히 학습에 활용할 수 있는 데이터를 수집하기 위해 데이터 수집 방법이나 지금까지 인간이 경험으로 판단했던 내용을 수치화, 매뉴얼화 하는 방향으로 제안할 때도 있습니다. 이를 위해서는 데이터 사이언티스트나 AI 엔지니어와 상의하면서 PM 자신이 고객에게 무엇을 어떻게 제안할지 고민할 필요가 있습니다.

정리

▶ AI 프로젝트를 총괄하는 PM은 AI에 관한 지식이나 기술이 필요하다

▶ PM이 하는 업무 중에 프로젝트 팀 매니지먼트와 고객 대응의 중요도가 높다

08 자체 개발과 위탁 개발

개발에는 사내 주도로 자유롭게 진행하는 '자체 개발'과 타사의 의뢰를 받아 개발하는 '위탁 개발'이 있습니다. AI 시스템 개발에도 두 가지가 있지만, 일을 진행하는 방식이나 중시하는 점이 다릅니다.

🔘 자체 개발과 위탁 개발

자체 개발이란 자체적으로 시스템을 개발하는 것입니다. 개발한 시스템을 자사를 위해 사용하는 것 외에, 만든 시스템을 제품이나 서비스로서, 타사 또는 엔드유저에게 직접 제공함으로써 수익을 올리는 것을 목적으로 합니다.

이와는 달리 **위탁 개발**은 타사의 시스템 개발을 도맡는 것을 말합니다. 즉 고객이 있고, 그 고객이 사용할 시스템을 구축하는 것입니다. 고객이 시스템 개발을 의뢰할 때까지 기다리기도 하지만, 영업 담당자나 엔지니어가 영업에 나서기도 합니다.

■ 자체 개발과 위탁 개발

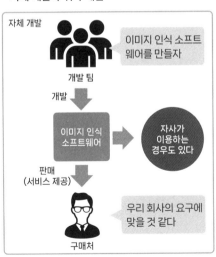
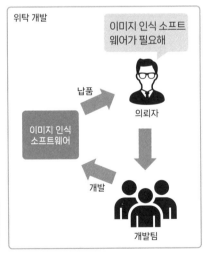

⬤ 자체 개발과 위탁 개발의 차이

자체 개발과 위탁 개발의 차이점은 결정권의 유무입니다. 자체 개발에서는 무엇을 만들지 자체적으로 아이디어를 내어 시스템이나 서비스를 만듭니다. 자체적으로만 완성하기 때문에 개발 일정 조정도 쉬운 편입니다. 만들고 싶은 것을 만들 수 있는 반면, 반드시 수익을 올릴 수 있는 것은 아닙니다. 한편, 위탁 개발은 고객의 요구 사항을 충족시키는 것에 중점을 둡니다. 고객의 요구에 맞는 서비스나 시스템을 검토하여 정해진 예산과 기간 내에 만들어야 합니다. 자유도는 낮지만, 시스템이나 서비스를 만들어 납품함으로써 반드시 수익을 올릴 수 있습니다. AI 시스템 개발에도 자체 개발과 위탁 개발이 있는데, 이 책에서는 위탁 개발을 중심으로 설명하겠습니다.

■ **자체 개발과 위탁 개발의 차이**

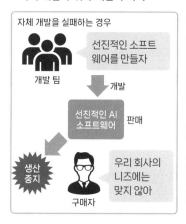

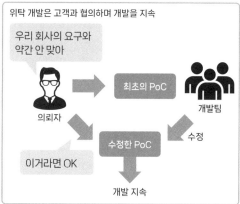

✏️ **정리**

▶ 자체 개발은 자유도가 높지만 수익을 못 올릴 수도 있다

▶ 위탁 개발은 자유도는 낮지만 제품을 납품하면 반드시 수익을 올릴 수 있다

▶ 위탁 개발은 고객의 요구를 충족하는 것이 중요하다

09 AI 시스템의 두뇌

AI 시스템에서 가장 중요한 부분은 두뇌 역할을 하는 AI 모델입니다. AI 모델은 데이터 사이언티스트가 중심이 되어 만들어지는데, 이때 어떤 과정을 거칠까요? 여기에서는 대략적인 흐름을 설명하겠습니다.

● AI 시스템의 두뇌는 AI 모델

AI 시스템의 중추는 AI 모델입니다. 이른바 AI 시스템의 두뇌라고 할 수 있는 부분으로, 데이터 사이언티스트가 개발을 도맡습니다. **AI 모델은 어떤 사건의 알고리즘을 수식으로 표현하고, 주어진 데이터를 분석이나 예측하여 결과를 도출합니다.**

AI 모델을 만들기 위해서는 **머신러닝**(기계 학습이라고도 한다)이라는 방법을 사용합니다. 머신러닝은 기계(컴퓨터)에 대량의 데이터를 학습시켜(읽혀서) 데이터의 특징이나 패턴을 찾아내어 분류하고 예측하게 하는 기술입니다. 머신러닝에는 여러 가지 방법이 있기에 데이터 과학자들이 AI 시스템에서 실현하고자 하는 목표에 따라 방법을 선택합니다. 또한, 데이터에서 어떤 특징을 바탕으로 AI 모델을 만들지(사람의 데이터라면 나이, 성별, 키, 몸무게, 거주지 등에서 어떤 특징을 사용할지)를 결정하고, 데이터군에 정규화 등의 변환을 가하거나, 데이터 분포 양상 등에 관한 다양한 가설을 세웁니다. AI 모델에 대해서는 5장 이후부터 자세히 설명할 예정이므로, 이 장에서는 대략적인 흐름만 이해하도록 합시다.

● AI 모델을 만드는 공정

좋은 AI 모델이란 '높은 정확도로 예측과 분석을 할 수 있는 모델'입니다. 그렇다면 높은 정확도를 낼 수 있는 AI 모델은 어떻게 만들까요? 우선 예측이나 분석하고자 하는 데이터를 수집합니다. 수집한 데이터를 널리 알려진 방법이나 학습이 완료된 AI 모델, 공개된 인식 서비스 등에 그대로 적용해보고 어느 정도 정확도가 나오는지 테스트합니다.

이때 정확도가 잘 나오면 좋겠지만, 안타깝게도 대부분 실용적인 정확도를 확보할 수 없습니다. 따라서 그 결과를 바탕으로 AI 모델을 개선해 나갑니다.

▪ AI 모델을 만드는 공정

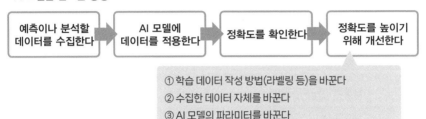

예측이나 분석할 데이터를 수집한다 ➡ AI 모델에 데이터를 적용한다 ➡ 정확도를 확인한다 ➡ 정확도를 높이기 위해 개선한다

① 학습 데이터 작성 방법(라벨링 등)을 바꾼다
② 수집한 데이터 자체를 바꾼다
③ AI 모델의 파라미터를 바꾼다
④ AI 모델의 알고리즘 자체를 바꾼다

○ 좋은 AI 모델은 올바른 데이터에서 나온다

AI 모델 생성은 데이터 수집에서 시작됩니다.

● 검품 작업의 AI화로 보는 데이터의 예

예를 들어, 제품의 결함을 검사하는 '검품 작업'을 AI 시스템으로 수행한다고 가정해 봅시다. 지금까지는 숙련된 직원이 다년간의 경험과 감으로 잡아내던 결함을 이미지 인식으로 찾아내는 것이 목표입니다. 이때 어떤 데이터가 필요할까요?

① 데이터의 조건

이미지 인식이므로 제품 이미지가 필요합니다. 해상도, 흑백 및 컬러 여부, 제품을 찍는 거리와 각도, 노출이나 기타 촬영 조건 등을 데이터 사이언티스트가 중심이 되어 검토합니다.

② 데이터 평가

다음으로, 준비된 이미지 데이터를 어떻게 평가할지 정리합니다. 예를 들어, 몇 밀

리미터의 흠집이 어디에 몇 개가 있으면 불량품으로 간주할 것인지 등입니다. 이러한 평가 방법을 확립하려면 고객의 검사 기준까지 참고해야 할 때도 있습니다.

③ 데이터 수
이미지 데이터의 수도 고려해야 할 과제입니다. 선명하고 정보량이 많은 이미지라면 적게 찍어도 될 수도 있고, 반대로 품질이 좋지 않은 이미지라도 일단 대량으로 찍을 수도 있습니다.

■ 숙련공의 기술을 AI 모델로 재현한다

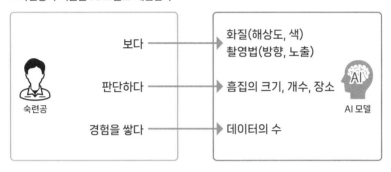

○ 필요한 데이터를 어떻게 수집할까?

고객과의 소통은 PM이 주로 도맡습니다. 하지만 데이터 수집에 관한 회의 등에는 AI 엔지니어와 데이터 사이언티스트도 참여합니다. PM과 협의하면서 고객의 요구와 실정을 고려한 데이터 수집 방법을 결정해 나갑니다.
고객의 사정으로 인해 데이터를 충분히 확보할 수 없거나 데이터에 포함된 정보가 부족하면, 실제 데이터를 통해 부족한 데이터를 보완하거나 인위적으로 데이터를 합성하여 AI 모델의 정확도를 높이는 등의 해결책을 마련하기도 합니다.

○ 생성한 AI 모델은 시스템에 적용해 본다

AI 모델을 생성한 후에는 AI 엔지니어가 중심이 되어 시스템에 AI 모델을 적용할 수 있습니다. API 등을 통해 시스템과 AI 모델을 어떻게 연결할지 정비하고, 성능 조정, 예외 및 보안에 대한 고려, 기존 시스템(서버, 데이터센터, 프론트엔드 애플리케이션 등)과의 연동 등을 수행합니다. AI 모델에 어떤 데이터가 필요하고, 어떤 결과가 나와야 하는지에 대한 구조를 이해하지 못하면 '의도하지 않은 결과가 나오는 사태'를 초래할 수도 있습니다. 따라서 구현—운용이 중심인 AI 엔지니어라도 AI를 적극적으로 학습하고 연구해야 합니다.

수리(數理) 모델

수리 모델이란 현실 세계에서 벌어지는 일을 방정식 등의 수식으로 표현한 것을 말합니다. AI 시스템에 사용하는 모델도 수리 모델에 해당하지만, 이 책에서는 AI 모델이라는 표기로 통일하였습니다. 또한, 단순히 AI라고 기술한 부분은 인공지능을 구현하는 기술 전반을 의미하며, AI 모델(수리 모델)을 만들기 위한 머신러닝도 그중 하나입니다.

정리

▸ AI 모델은 AI 시스템의 두뇌로, 데이터 사이언티스트가 만든다

▸ 좋은 AI 모델을 생성하려면 데이터의 수집과 정비가 필수이다

▸ 생성된 AI 모델은 AI 엔지니어가 주로 시스템에 적용한다

10 | AI 모델의 생성과 프로그래밍

AI 모델에 어떤 작업을 시킬지는 이미 다양한 방법이 제시되었습니다. 데이터 사이언티스트는
데이터의 특성을 고려하여 모델을 선택하고 프로그램을 만들어 나갑니다.

◉ AI 모델의 알고리즘

알고리즘은 어떤 문제나 과제를 해결하기 위한 일련의 절차나 계산 방법을 말합니
다. AI 모델의 알고리즘은 분류 및 예측하고자 하는 데이터에 따라 달라집니다. 그
러면 개요를 정리해 보겠습니다.

● 데이터를 객관적으로 수치화하는 사고방식

아주 간단한 예로 '날씨와 방문객 수' 라는 데이터가 다음과 같은 형태로 수집되었다
고 가정해 봅시다.

('맑음', 100), ('흐림', 70), ('비', 50)…

하지만 '날씨와 인원'이라는 데이터를 처리할 수 있는 AI 모델은 없습니다. 따라서
'날씨'와 '사람'이라는 특정 개념을 없애고 수치로만 표현할 수 있는 형태로 바꿉니
다. 먼저 '맑음, 흐림, 비'를 수치화하는 것을 생각해 볼 수 있습니다. 한 가지 방법으
로 맑음을 1, 흐림을 2, 비를 3으로 하여 2차원의 벡터로 표현해 봅시다.

(1, 100), (2, 70), (3, 50)

그러나 이렇게 하면 '비 값이 맑음 값의 3배'라는 실제로 존재하지 않는 정보까지 포
함하게 됩니다. 만약 처음부터 '맑음은 좋고, 비는 안 되고, 흐림은 그저 그렇다'는 전

제로 모델을 만들고 싶다면 맑음을 1, 흐림을 0, 비를 −1로 표현하는 편이 좋을 것입니다. 반면, 객관적으로 데이터를 분석하고 싶다면 날씨를 맑음, 흐림, 비의 3차원으로 나누어 4차원의 벡터로 만듭니다. 첫 번째는 맑음, 두 번째는 흐림, 세 번째는 비, 그리고 네 번째 차원은 인원을 나타냅니다. 해당 날씨의 차원만 1로 설정하고 다른 날씨의 차원은 0으로 설정합니다. 그러면 다음과 같이 표현할 수 있습니다.

(1, 0, 0, 100), (0, 1, 0, 70), (0, 0, 1, 50)

그러나 위의 데이터는 앞의 세 차원이 0 또는 1인데 마지막 차원만 100 또는 50과 같은 큰 값으로 설정되어 있으므로, 오차나 모델 스케일상 불균형한 상태가 됩니다. 이 경우 데이터를 정규화하여 0에서 1의 범위에 포함시키는 방법이 있습니다. 50명과 52명의 차이는 무시하고, 방문자 수가 40명 미만이면 실패로 간주하는 등의 방식으로, 앞의 세 데이터를 다음과 같은 벡터로 만들 수도 있습니다.

■ 데이터의 특징을 0과 1로만 표현

맑음	흐림	비	100명 이상	99~70명	69~40명	39명 이상
1	0	0	1	0	0	0
0	1	0	0	1	0	0
0	0	1	0	0	1	0

이렇게 하면 '맑은 날의 고객 수는 100명'이라는 데이터를 다음과 같이 7차원의 벡터로 표현할 수 있게 됩니다.

(1, 0, 0, 0, 1, 0, 0, 0)

사실 위와 같은 '0과 1의 2진수로 이루어진 다차원 벡터를 처리하는 모델'은 이미 있기에 기존 AI 모델을 그대로 가져와(또는 개선하여) 만들어 갈 수 있습니다.
현실 세계의 데이터를 표현하는 방법은 다양하고 정답은 없습니다. 표현 방법에 따라 정확도가 달라지기도 합니다. 어떻게 하면 정확도를 올릴 수 있을지 고민하는 것도 데이터 사이언티스트의 일입니다.

◎ 기존 AI 모델 이용하기

AI 분야에는 선구자들이 확립한 다양한 AI 모델이 있습니다. 어떤 모델을 사용할지는 '기존 데이터로 만든 AI 모델을 사용하여 새로운 데이터를 어떻게 처리할 것인가'에 따라 결정됩니다. 대표적인 AI 모델에는 다음과 같은 네 종류가 있습니다.

● 분류 모델

데이터가 어떤 그룹에 속하는지를 예측합니다. 예를 들어 '이 메일은 스팸인가, 아닌가', '이 회사와의 계약은 유망한가, 아닌가' 처럼 '어느 쪽'에 속할지를 결정합니다. '스팸이면 스팸 폴더에 넣는다'와 같이 분류하여 실행(폴더 분리)하는 처리를 구현할 수 있습니다.

● 회귀 모델

데이터에서 상관관계를 찾아내어 주어진 데이터를 분석합니다. 예를 들어, '이 이메일 주소의 메일이 스팸일 확률은 몇 퍼센트다', '이 회사와 계약이 성사될 확률은 몇 퍼센트다'와 같은 형태로 결과가 주어집니다. '스팸일 확률 50%는 통과'와 같이 임계치를 설정하면 분류 모델로도 활용할 수 있습니다.

● 클러스터 분석

클러스터란 그룹 또는 집단이라는 뜻으로, 많은 데이터를 여러 개의 그룹으로 나누고 싶을 때 사용합니다. 어떤 상품이 어떤 계층에 인기가 있는지를 조사할 때, 20대 여성이며 학생, 20대 여성이며 직장인, 30대 여성이며 주부 등 공통된 항목으로 그룹을 나눕니다. 이처럼 데이터의 분포에 따라 그룹을 나누는 작업을 **클러스터링**이라고 합니다.

● 뉴럴 네트워크(딥러닝)

복잡한 이미지 인식이나 언어 처리에는 **뉴럴 네트워크**라고 불리는 모델을 사용합니다.

현재는 이미지 인식에는 합성곱 뉴럴 네트워크, 언어 처리에는 장·단기 기억 뉴럴
네트워크 등 분야에 맞는 네트워크 조합을 고려합니다.

◉ 선행 학습된 AI 서비스 사용하기

AI를 활용하는 목적과 분야는 한정되어 있습니다. 대량의 주문이나 질문을 처리할
인력 부담만을 덜 목적이라면 자체적인 AI 모델을 개발하지 않고 기존 제품이나 서
비스를 분석과 예측 처리에 활용하고, 입출력 부분만 조정하여 완성하는 프로젝트
가 마련되어 있습니다.

Google Vision AI

https://cloud.google.com/vision

■ Google Vision AI

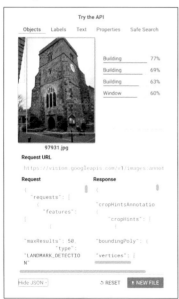

AI 트라이얼(데모)로 이미지를 분석할 수 있다.
이미지를 업로드하면 무엇이 찍혀 있는지,
색이나 분위기 등을 분석해 준다.

Microsoft Azure Cognitive Services

https://azure.microsoft.com/ja-jp/products/cognitive-services/

■ Microsoft Azure Cognitive Services

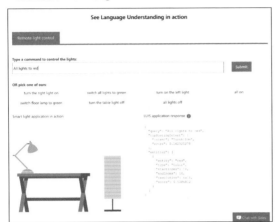

Language Understanding을 이용하여 자연 언어를 분석하여 대화가 가능한 챗봇을 생성할 수 있다

이들 AI 서비스를 이용하는 프로그램은 API를 통해 서비스나 라이브러리에 접속하여 필요한 데이터를 전송하기만 하면 됩니다. 이러한 서비스를 이용할 때도, 이용자가 데이터 입력이나 결과를 받는 웹 페이지나 애플리케이션, 이용자와 AI 서비스를 연결하는 웹 서버 등을 준비해야 합니다. AI 엔지니어가 직접 개발하기도 하지만 대부분은 AI 엔지니어가 사양서를 작성하고 프론트엔드 엔지니어나 백엔드 엔지니어가 실제로 프로그램을 짜는 식으로 개발 작업을 진행합니다(192쪽 참조).

■ AI 서비스를 이용하는 구성도

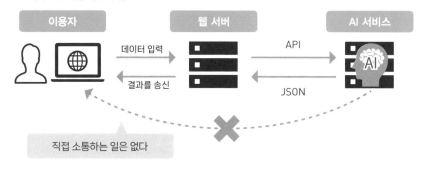

 정리

☑ AI 모델을 생성할 때는 데이터의 정비 방법을 검토하는 것이 중요하다

☑ 사용하는 데이터에 따라 사용하는 AI 모델이 달라진다

☑ 공개된 선행 학습 AI 모델이나 AI 서비스를 이용할 수도 있다

11 AI 시스템 도입 사례

이번에는 한 걸음 더 나아가 비즈니스 현장에 AI 시스템을 도입한 사례를 구체적으로 설명하겠습니다. 기존 서비스에 AI 시스템을 도입하는 사례와 새로운 부가가치를 창출하기 위해 AI 시스템을 활용하는 사례로 나누어 소개하겠습니다.

◉ 기존 서비스에 AI 시스템 도입하기

기존 서비스에 AI 시스템을 도입하는 경우, 사람의 판단이나 작업의 일부 또는 전부를 AI 시스템으로 대체하여 어떤 성과(인력 감축이나 시간 단축 등)를 올리는 것이 목적입니다. 예를 들어, 다음과 같은 사례를 생각해 볼 수 있습니다.

● 사례1 : 콜 센터의 인력난 해소

어떤 기기의 고장에 관한 문의에 대응하는 콜센터 사례입니다. 보통 콜 센터에서는 '어디가 고장 났어요, 뭐가 안 돼요'라는 고객의 문의를 상담원이 전화로 듣습니다. 이 정보를 바탕으로 원인을 파악하고 해결책을 제시하거나, 수리 기사를 보내기도 하며 대응합니다.

이때 바로 상담원에게 연결하지 않고 먼저 음성 인식을 통한 AI 시스템으로 대응합니다. 간단한 문제라면 AI 시스템 대응만으로 해결할 수 있으며, AI로 대응이 어려운 경우에만 상담원에게 연결하면 인력난 해소에 도움이 될 것입니다.

■ 음성 인식을 통한 초기 대응

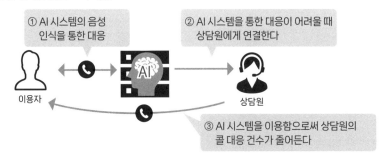

① AI 시스템의 음성 인식을 통한 대응

② AI 시스템을 통한 대응이 어려울 때 상담원에게 연결한다

이용자　　상담원

③ AI 시스템을 이용함으로써 상담원의 콜 대응 건수가 줄어든다

●사례2 : 파손 부위 판정

수도관이나 유압기와 같은 장비의 배관 부문에도 AI 시스템이 도입되었습니다. 예전에는 배관이 파손되면 기계 설계자가 균열의 크기 등으로 수리 방법을 판단하여 수리공에게 지시를 내립니다. 그러나, 이 판단을 이미지 분석과 AI로 대체함으로써 담당자가 부재중일 때에도 판단이 늦어지지 않습니다.

■파손 부위 판정

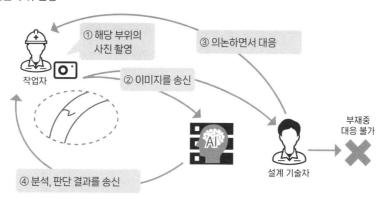

서비스를 받는 쪽에서 볼 때 이러한 흐름, 즉 '콜 센터에 전화 → 문제가 해결되었다', '파손 부위의 사진을 회사로 송신 → 수리 방법을 지시받았다' 라는 흐름은 AI 시스템 도입 이전과 다르지 않습니다. 그러나 서비스를 제공하는 측에서 보면 담당자가 인간에서 AI 시스템으로 바뀐 상태입니다.

● 새로운 부가가치를 창출하기 위해 AI를 활용한다

기존 서비스에서 새로운 부가가치를 창출하기 위해 AI 서비스를 추가하기도 합니다.

●사례1 : 데이터의 '분석'에서 '예측'까지 AI에 맡긴다

한 인터넷 쇼핑몰에서는 지금까지 고객의 특성(나이, 성별, 취미 등)과 구매 이력 간의 관계를 컴퓨터로 분석하고 있습니다. 그러나 실제 판매 전략이나 수주 판단 등은 분석 결과의 그래프 등을 보면서 인간이 기획 회의를 통해 검토하였습니다.

이러한 현장에 AI 시스템을 도입하면 판매 예측이나 도입해야 할 상품, 개발해야 할 고객층 등을 제안하는 일까지 AI에 맡길 수 있게 됩니다. 그 결과를 바탕으로 사람이 회의에서 판단을 내리면 기획 속도가 빨라지고 의사결정자의 부담도 덜 수 있습니다.

■ 비축된 데이터를 통해 예측하다

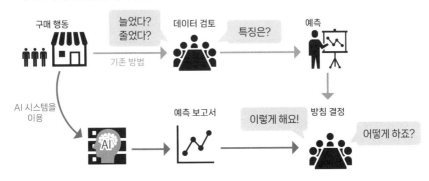

● 사례2 : 웹 게시글의 '글쓰기'와 '올리기' 사이에 AI를 도입하여 첨삭한다

웹 페이지에 올리는 상품이나 이벤트 소개, 보도자료 등을 경험이 부족한 직원이 작성할 경우, 문법이나 단어의 사용법을 틀리거나 요지가 명확하지 않아 효과가 크게 떨어질 우려가 있습니다.

이때, 기존에 올린 글을 바탕으로 '게시글 입력 포맷' 이후에 'AI 시스템에 의한 첨삭 결과'를 끼워 넣어서, 첨삭 결과를 글쓴이가 확인한 후에 글을 올리는 흐름으로 바꾸었습니다. 더욱 좋은 게시글을 올릴 수 있고, 신입사원을 교육하는 데도 유용했습니다.

■ 게시글 첨삭

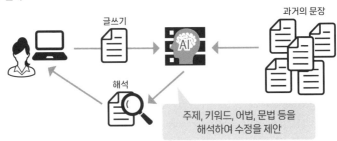

AI 시스템은 유저 인터페이스에도 도입할 수 있기에 조작성을 개선할 가능성도 내포하고 있습니다.

예를 들어, 사용자가 상품 검색을 할 때 키워드나 선택지가 아닌 사용자가 직접 원하는 상품에 가까운 이미지를 업로드하게 하는 등 입력 방법을 변경하는 것을 생각해 볼 수 있습니다. 이 경우, AI 시스템의 관점에서 사용자가 적절한 검색 조작을 할 수 있도록 웹 디자이너와 협의하면서 인터페이스를 만들어 나가야 합니다.

■ 유저 인터페이스의 조작성을 개선한다

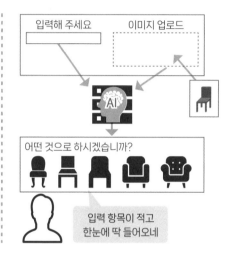

정리

▷ AI 시스템을 도입하는 목적에는 '인간의 부담을 줄이는 것'과 '새로운 가치를 제공하는 것'이 있다

▷ 인간의 부담을 줄일 때, 최종 결과는 도입 전과 다르지 않다

▷ 최종적으로 인간이 하는 의사결정을 AI 시스템이 보조함으로써 인간의 부담과 걸리는 시간을 줄일 수 있다

▷ 유저 인터페이스에 AI 시스템을 도입하여 조작성 개선이 기대된다

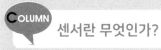

센서란 무엇인가?

센서란 어떤 물체나 사건의 상태를 측정하여 신호로 바꾸는 기기입니다. 또한 스스로 통신할 수 있는 센서는 IoT 기기에 해당합니다.

AI 시스템으로 데이터 수집을 할 때 센서는 없어서는 안 되는 존재입니다. 센서에는 다양한 종류가 있으며, 대표적인 센서는 다음 표와 같습니다.

■ 센서의 종류

종류	용도
가속도 센서	가속도란 한 시간 단위에서 얼마나 속도가 변화하는지 비율을 나타낸 것으로, 물체의 이동 속도를 계측하는 데 쓰인다
자이로 센서	회전 각도를 측정한다. 스마트폰을 옆으로 돌렸을 때 화면이 옆으로 표시되도록 하는 시스템에 쓰인다
압력 센서	주어진 압력이나 압력을 주어서 그 반발을 감치하여 계측한다. 혈압 측정기는 팔을 압박했을 때의 반동으로 혈압을 측정한다
온도 · 습도 센서	온도나 습도를 감지하여 측정한다. 온도 관리가 필요한 공장이나 냉장고 등에서 이용된다
수위 센서	어떤 지점을 기준으로 수면의 높이를 계측한다. 수량을 관리하는 공장이나 댐 등에서 쓰인다
초음파 센서	초음파를 감지한다. 또한 초음파를 방출해서 물체에 닿으면 반사된 초음파를 수신한다. 반사된 초음파를 통해 물체와의 거리나 파손 여부 등을 알 수 있다
광 센서	빛을 감지한다. 자동문에는 대체로 광 센서가 달려 있다. 빛을 방출해서 사람이 지나갈 때 빛이 차단됨으로써 문이 열리는 구조다

3장

▼

AI 엔지니어의
구인 상황과 일하는 방법

AI 엔지니어의 구인과 노동 환경은 어떤 상황일까요? 실제 구인 정보를 통해 현 상황을 읽어보겠습니다. 또한 AI 엔지니어로서 활약하고 있는 분들의 일하는 방식도 소개하겠습니다.

12 AI 엔지니어의 이직 시장

AI 엔지니어가 될 수 있는 길은 여러 가지가 있다고 2장에서 소개했습니다. 이미 IT 엔지니어로 활약하고 있는 사람이라면 이직 시장에 주목하고 있을 것입니다. 여기서는 AI 엔지니어의 이직 시장이 어떤 상황인지 설명하겠습니다.

● IT 기업이 AI 인재를 확보하는 방법

아래 그래프는 IT 기업이 어떤 방식으로 AI 인재를 확보하는지를 보여 줍니다. 가장 많은 것은 '사내 인재 육성'이며, 그다음으로 '즉시 투입할 수 있는 경력자 채용' 순이었습니다. 경력 있는 AI 인재를 채용할 때도, 어떤 기술이 필요한지, 얼마나 많은 인원이 필요한지 파악할 AI 인재가 필요합니다. 또한 기존 시스템에 AI를 도입한다면 그 시스템 개발에 참여했던 인력이 AI 기술을 익히기도 합니다.

따라서 '사내 인재 육성'과 함께 '즉시 투입할 수 있는 경력자 채용' 방법으로 AI 인재를 확보해 나가는 것을 알 수 있습니다.

■ IT 기업이 AI 인재를 확보하는 방법(종사자 규모별)

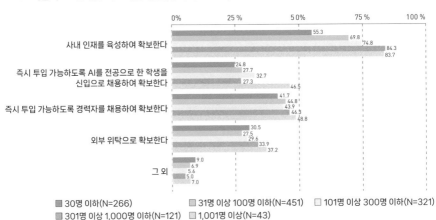

○ IT 엔지니어 전체에서 바라본 AI 엔지니어 채용 정보

아래 그림은 IT 기업의 IT 엔지니어 경력 채용을 통해 본 AI 엔지니어의 채용 비율을 나타낸 그래프입니다. AI 모델 및 AI 시스템 개발, 그리고 머신러닝 관련 채용을 AI 엔지니어 채용으로 간주하고 있습니다. AI 엔지니어의 경력직 채용은 해마다 증가하고 있음을 알 수 있습니다. 2013년경에는 전체 엔지니어의 1%도 채 되지 않았으나, 2018년에는 전체의 3%를 차지할 정도로 증가했습니다. 2019년에는 정점을 약간 지나 3%를 밑돌고 있지만, 앞으로 몇 년 동안은 3% 내외를 유지할 것으로 전망됩니다.

■ IT 엔지니어 전체에 대한 AI 엔지니어의 채용 비율

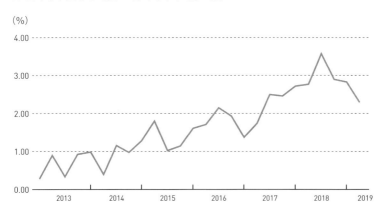

IT 계열 인재 회사 제공

 IT 엔지니어란?

IT에 관련된 기술자를 통칭하여 'IT 엔지니어'라고 부르기도 합니다. 세부적으로 분류하면 시스템 엔지니어, 프로그래머, 웹 엔지니어, 임베디드 엔지니어, IoT 엔지니어 등 다양합니다.

● 인기를 끌고 있는 AI 엔지니어

실제 구인배율을 살펴봅시다. 구인배율은 1을 기준으로 합니다. 1배 미만은 구인 수(모집 인원수)에 비해 구직자 수(응모자 수)가 더 많다는 것을 나타냅니다. IT 엔지니어 전체와 AI 엔지니어를 비교하면 상하 변동에 약간의 차이가 있지만, 2018년 중반까지 구인배율이 상승하고 있다는 점은 같습니다.

2017년 중반부터 2018년까지는 IT 엔지니어 전체보다 AI 엔지니어의 구인배율이 높아져 AI 엔지니어를 필요로 한다는 사실을 알 수 있습니다. 2018년 말부터 2019년에는 배율이 하락하고 있지만, 'AI 엔지니어의 이직 시장'의 모집 비율 하락과 구인배율의 하락에 차이가 있는 것으로 보아, AI 엔지니어가 되고 싶어 하는 사람이 증가한 것도 요인 중 하나인 듯합니다.

■ IT 엔지니어 전체와 AI 엔지니어의 구인 배율

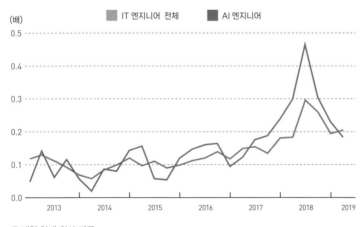

IT 계열 인재 회사 제공

● 구인 기업의 종업원 규모

IT 엔지니어를 보유한 기업 전체와 AI 엔지니어를 채용하는 기업의 종업원 규모를 살펴보겠습니다. 전체 IT 엔지니어는 99명 이하가 약 52%, 100~999명이 약 39%, 1000명 이상이 약 9%로 나타났습니다. 반면 AI 엔지니어는 99명 이하가 약 55%,

100~999명이 약 33%, 1000명 이상이 약 12%입니다. 큰 차이는 없지만, AI 엔지니어 채용은 벤처기업과 같이 종업원 규모가 비교적 작은 기업에 많습니다. 한편 대기업의 채용도 증가하는 경향을 보이고 있습니다.

■ IT 엔지니어 전체와 AI 엔지니어를 구인하는 기업의 종업원 규모

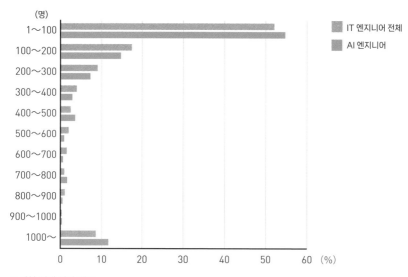

IT 계열 인재 회사 제공

정리

▣ IT 기업의 AI 인재 확보 방법은 '사내 인재 육성', 다음으로 '경력직 채용'이다

▣ IT 엔지니어 전체의 구인 중, AI 엔지니어 구인은 약 3%이다

▣ 최근 AI 엔지니어의 구인배율 저하는 AI 계열로 이직하려는 희망자가 증가했음을 시사한다

▣ IT 엔지니어보다 AI 엔지니어가 종업원 규모가 작은 기업이나 대기업 구인이 많아지고 있다

13 AI 엔지니어의 노동 조건

취업이나 이직을 고려할 때, 얼마나 많은 연봉을 받을 수 있는지는 중요한 요소입니다. AI 엔지니어의 급여를 알아봅시다. 또한, 근무 제도에 대해서도 간단히 설명하겠습니다.

◉ AI 엔지니어는 연봉이 센 편이다

실제로 AI 엔지니어로 일할 때 연봉을 어느 정도 받을지는 중요한 포인트입니다. IT 엔지니어 전체와 AI 엔지니어의 연봉을 살펴보겠습니다.

▪ IT 기업이 AI 인재를 확보하는 방법(종사자 규모별)

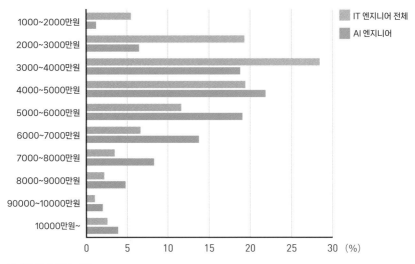

IT 계열 인재 회사 제공

IT 엔지니어의 연봉은 3000만~4000만 원이 가장 많았고, 2000~3000만 원과 4000~5000만 원이 거의 비슷한 비율로 뒤를 이었습니다. 반면, AI 엔지니어의 연봉은 4000~5000만 원이 가장 많았고, 다음으로 5000~6000만 원, 근소한 차이로

3000~4000만 원이 뒤를 이었습니다. 7000만 원 이상을 비교하면 IT 엔지니어는 약 9%이지만, AI 엔지니어는 약 19%에 달했습니다. IT 엔지니어 전체보다 AI 엔지니어의 연봉이 더 높은 수준임을 알 수 있습니다.

○ 근무 제도

고정 근무제나 유연 근무제 등이 있지만, 기업이나 업무에 따라 차이가 있습니다. 주말은 기본적으로 휴무이지만, AI 시스템 운영 담당의 경우, 주말에도 시스템 모니터링을 할 수 있습니다. 대표적인 노동 제도 세 가지를 소개하겠습니다.

■ 대표적인 노동 제도

노동 제도	개요
고정 근무제	10:00~19:00 등, 정해진 시간에 일한다
유연 근무제	하루 여덟 시간 근무 등, 정해진 시간만큼 일한다. 코어 타임(하루 중 반드시 회사에 있어야 하는 시간)이 없는 경우 출퇴근 시간은 자유
재량 근무제	지각, 조퇴 등의 개념이 없고, 출근하면 하루 일했다고 간주한다(노동자의 재량으로 일한다). 시간 외 노동으로 취급받지 않으므로 잔업 수당은 발생하지 않는다

정리

▶ AI 엔지니어의 연봉은 4000~5000만 원 비율이 가장 많다

▶ IT 엔지니어 전체보다 AI 엔지니어가 연봉이 더 높다

▶ AI 엔지니어의 근무 제도는 일반적인 근무와 크게 다르지 않다

14　AI 엔지니어의 학력과 연령대

실제로 AI 엔지니어로 일하고 있는 인재의 학력이나 연령대는 어떤 상황일까요? IT 엔지니어 전체와 비교하면서 AI 엔지니어의 학력 및 연령대를 소개하겠습니다.

◉ AI 엔지니어는 대졸과 대학원졸의 비율이 높다

IT 엔지니어의 최종 학력은 '대졸'이 가장 많았고, 다음으로 '전문대졸', '고졸'의 순이었습니다. 반면, AI 엔지니어는 '대졸'이 가장 많고, 그 다음이 '대학원졸' 순입니다. 특히 '대학원졸'은 IT 엔지니어는 약 5%인 반면, AI 엔지니어는 약 22%로, 높은 비율을 차지하는 것이 특징입니다. 데이터 사이언티스트나 AI 모델을 만드는 AI 엔지니어는 통계나 수학에 대한 지식이 필요하므로 대학원에서 전문성을 높인 인재를 찾는 것으로 보입니다.

■ IT 엔지니어 전체와 AI 엔지니어의 학력

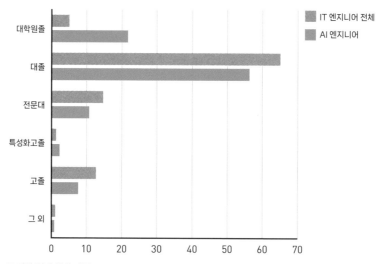

IT 계열 인재 회사 제공

○ AI 엔지니어는 30대가 중심

AI 엔지니어의 연령대는 IT 엔지니어 전체에 비해 크게 다르지 않습니다. AI 엔지니어는 대학원 출신이 많기에 전체 IT 엔지니어보다 젊은 층의 비율이 낮습니다. 또한, 새로운 분야인 만큼 IT 엔지니어 전체보다 50세 이상의 비율도 낮으며, 주로 30대가 주를 이룹니다.

■ IT 엔지니어 전체와 AI 엔지니어의 연령층

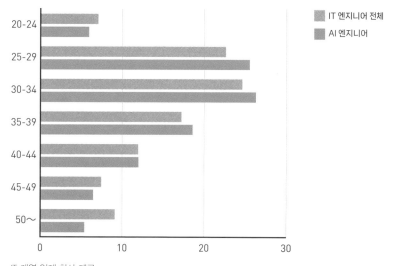

IT 계열 인재 회사 제공

정리

🔹 IT 엔지니어 전체와 마찬가지로 AI 엔지니어노 대졸 비율이 가장 높다

🔹 AI 엔지니어는 IT 엔지니어보다 대학원졸 비율이 높다

🔹 AI 엔지니어는 IT 엔지니어보다 29세 이하와 50세 이상의 비율이 낮다

🔹 AI 엔지니어는 30대가 중심이다

15   AI 엔지니어의 하루 CASE 1

AI 엔지니어로 일하고 있는 세 분을 만나 이야기를 들어보았습니다. 어떤 업무를 하는지 구체적인 내용과 함께 소개하겠습니다. 먼저 소개할 분은 위탁 개발 업무 중심의 PM인 AI 엔지니어입니다.

⦿ 위탁 개발 업무 중심의 PM

주식회사 NTT 데이터에서 애널리스트를 주 업무로 하는 프로젝트 리더(프로젝트 매니저에 해당)에게 이야기를 들어보았습니다. 위탁 개발 업무가 주를 이루는데, 고객과 협의를 통한 업무 과제 정리부터 분석 요건 정리, 모델 설계부터 PoC까지 폭넓게 담당하고 있습니다.

⦿ 경력

대학은 이학부에서 수학을 전공(대수 기하학)하고, 졸업 후 정보계 시스템 개발에 종사했습니다. BI 툴을 이용한 분석 화면 개발을 담당하면서도 점차 대응 범위가 확대되어 데이터 모델링, 배치 개발, 성능 튜닝을 담당하게 되었습니다.

정보 시스템 개발의 노하우 정리, 솔루션화 경험을 통해 자신의 기술 확장을 위해 고급 분석 안건의 애널리스트로서 활동을 시작했습니다다. 현재는 데이터 분석 업무와 이를 통해 얻은 분석 모델의 시스템 구현 등을 담당하고 있습니다.

⦿ 업무 내용

전문적인 지식을 바탕으로 프로젝트를 총괄 관리합니다. 프로젝트 매니저로서 신규 고객 발굴을 위한 영업과 사내외 AI 시스템 개발 및 운영을 위한 회의에 참여합니다. 한편, 데이터 사이언티스트로서 요구 사항 정리와 모델 설계부터 구현, 평가, 비즈니스 측정, PoC 등 일련의 작업을 수행합니다. PoC가 끝나면 설계서를 작성하여 시스템 개발 부서에 개발 작업을 의뢰합니다. 시스템 개발 자체에는 직접 관여하지 않지만, AI 시스템의 책임자로서 개발 후 작동 확인 및 개선 등을 담당합니다.

⬤ 하루 업무 내용

프로젝트 매니저로서 매일 다양한 업무를 수행하고 있습니다. 평상시에는 저녁에 퇴근하지만 바쁜 시기에는 밤늦게까지 일해야 할 때도 있습니다.

팀원, 타 부서 및 외주 업체, 고객사 등 많은 사람과 회의를 해야 하기에 하루하루가 정신없지만, 퇴근 전 스케줄 확인, 임시 자료 작성 및 과제 정리를 통해 해 나가고 있습니다. 점심 식사 시간도 팀원들과 의견을 교환하는 소중한 장입니다. 바쁜 날에는 데이터 수정 분석, 분석 모델 구축, 프로토타입 구현 등 프로젝트를 구체적으로 진행하는 업무가 포함되어 있습니다.

■ 타임 스케줄(평상시)

시간	업무 내용
9:00	오늘의 업무 · 스케줄 확인, 각종 메일 업무
10:00	팀원과 분석 환경의 구축 상황, 접속 순서, 자료 구축 등에 관한 의견 교환
11:00	혼란을 피해 일찍 팀원과 사내 식당으로
12:00	
13:00	고객과의 정례 미팅을 위한 자료 작성
14:00	비즈니스 과제, 과제 해결을 위한 분석 접근안 등 정리
15:00	고객에게 받은 분석 데이터의 자세한 상황에 관해 팀원과 미팅
16:00	분석 데이터에 관해 고객에게 전화로 질문
17:00	팀 미팅 외주 업체의 매니저와 요원 추가에 관한 미팅
18:00	다음 날 스케줄 확인, 메일 업무

■ 타임 스케줄(바쁠 때)

9:00	당일 업무 확인 및 메일 업무
10:00	신규 고객에 대한 영업 방문을 위한 제안서 작성
11:00	영업 담당자와 미팅. 제안서 수정 검토
12:00	영업 직원과 근처 식당으로
13:00	제안서를 수정하여 팀원과 분석 작업 실시 상황 의견 공유
14:00	분석 프로젝트 팀원과 분석 작업 실시 상황 맞춤
15:00	데이터 집계 작업의 과제 조사, 대응책 검토
16:00	팀원과 분석 모델 구축에 관한 작업 계획 수정 검토
17:00	분석 프로그램의 프로토 타입 구현
18:00	
19:00	고객과의 정례 미팅을 위한 자료 작성
20:00	고객에게 연락
21:00	집계 작업자의 증원에 관한 계약 사무처
22:00	다음 날 스케줄을 확인, 메일 업무
23:00	

■ 업무의 포인트

업무 성과(프로젝트의 성공)가 최우선

분석 모델의 정밀도는 이차적인 지표에 지나지 않는다. 특히 안건의 초기 단계에서는 정밀도에 지나치게 집착하지 않도록 한다

성공을 거두는 것에 고집하는 높은 안목이 필요

고객과의 정기적인 회의

프로젝트에서 이용하는 기술의 지식과 기술은 필수

통계 분석	머신러닝	통계 분석	수리 최적화	SQL	Python

기존 방법만으로 분석 로직을 구축할 수 없는 경우도 있으므로 스스로 알고리즘이나 분석 로직을 만들어 낼 능력이 있으면 좋다

신규 고객(안건)을 확보하기 위한 영업 기술도 필요

프로젝트의 목적, 활동계획/실적, 안정된 비즈니스 성과 등을 이해하기 쉽게 설명할 수 있는 기술

AI나 프로젝트(팀)의 존재감을 어필하기 위해서……

시스템 개발과 서비스화 등 AI의 활용에 관한 발전적인 제안을 할 수 있으면 좋다

정리

▶ 업무의 포인트로서, 프로젝트를 성공시키기 위한 높은 안목이 필요하다

▶ 프로젝트로 이용하는 기술의 지식과 프로그래밍 기술도 필수이다

▶ 알고리즘이나 로직의 창출 능력, 설명 · 제안 등이 가능하다면 더할 나위 없다

16 AI 엔지니어의 하루 CASE 2

다음으로 소개할 분은 데이터 사이언스를 전공하고 AI 시스템 개발에 참여하게 된 분입니다. 일상적인 업무를 수행하면서도 끊임없이 새로운 정보를 습득하고 기술을 향상하는 나날을 보내고 있습니다.

● AI 시스템 개발도 담당하는 데이터 사이언티스트

주식회사 리크루트에서 활약하고 있는 데이터 사이언티스트를 소개합니다. 앞에서 '데이터 사이언티스트는 데이터를 정리하여 AI 모델을 만드는 사람'이라고 설명했지만, 이 분은 AI 시스템 개발까지 담당하고 있습니다. 또한, 데이터 활용 제품을 개발하는 조직의 매니저로서 팀을 이끄는 역할도 합니다.

● 경력

대학원에서 행동통계학을 전공하고, 석사과정 수료 후 현재 회사에 입사했습니다. BtoC 웹 서비스의 데이터 분석과 개발 업무를 담당합니다. 동시에 업무 개선을 목적으로 한 자연어 처리의 R&D 개발을 시작했습니다. 현재는 자연어 처리뿐 아니라 이미지 분석과 음성 분석을 이용한 개발을 담당하는 조직의 그룹 매니저를 맡고 있습니다.

● 업무 내용

데이터 분석부터 AI 시스템 기획, 개발, 운영까지 폭넓게 담당하고 있습니다. 매니저로서 서비스 담당자 미팅이나 팀원과의 1:1 미팅 등 소통하는 일이 잦습니다. 때로는 그룹 외의 기업이나 스타트업과의 미팅도 있습니다.

● 하루 업무 내용

팀에서는 AI 모델을 클라이언트 프로그램에서 이용하기 위한 'API'를 만들고 있습니다. 20~25명 정도가 6개월 정도의 프로젝트 기간 동안 20개 정도의 시제품을 구축합니다. 대부분 고객과 관계자의 업무가 끝나는 18:00부터 분석 및 개발 업무 시간이 시작되고 있으며, 퇴근 후에도 기술 향상을 위한 공부와 훈련 시간을 갖는다고 합니다.

■ 타임 스케줄

10:00	메일이나 커뮤니케이션 툴의 연락 확인
11:00	사내 미팅 개발 진척/신규 안건에 관하여 확인, 1 on 1 등
12:00	
13:00	
14:00	
15:00	서비스 담당자와 미팅 신규 안건 제안, 의견 교환, 운용 과제 확인 등을 여러 건 진행
16:00	
17:00	
18:00	분석, 개발 업무 실시
19:00	기술 상담/캐치 업 등을 실시

COLUMN

R&D

R&D는 Research and Development의 약자로, 연구 개발이라는 의미가 있습니다. 기업에서 새로운 기술을 연구하는 부서를 R&D라고 합니다. 직접 매출로 연결되는 업무는 아니지만, 새로운 서비스 개발의 계기가 되는 중요한 업무라고 할 수 있습니다.

■ 업무의 포인트

서비스 담당자가 지닌 과제를 해결하기 위해

- 방법론대로 진행하면 과제를 해결하지 못할 수도 있기에 주의가 필요
- 적절한 방법을 제안하는 능력이 필요

실제로 쓸 수 있는 솔루션을 만들어 내기 위해서

- 비즈니스 관점에서의 니즈 조사, ROI 계산 등의 능력도 필요하다
- 새로운 기술을 쫓는 것에만 주력하는 것은 위험

개발을 순조롭게 진행하기 위해 지니면 좋은 지식

- 웹 애플리케이션 개발 경험이나 지식

COLUMN ROI

ROI는 Return On Investment(투자자본 수익률)의 줄임말입니다. 투자(Investment)에 대해 얼마나 많은 이익(Return)을 얻었는지를 나타내는 지표입니다. ROI는 투자자본 수익률 또는 투자 수익률 이라고도 합니다. 프로젝트를 관리하는 PM은 예측한 매출과 시스템 개발에 필요한 설비 비용, 인건비 투자를 바탕으로 ROI를 산출해야 하는 경우가 있습니다.

정리

- ▶ 업무의 포인트로서, 방법 그 자체보다 과제 해결을 우선할 것
- ▶ 항상 새로운 기술의 정보를 파악하면서도 비즈니스 관점을 벗어나지 않을 것
- ▶ 웹 애플리케이션의 개발 경험이나 지식이 있으면 좋다

17 AI 엔지니어의 하루 CASE 3

마지막으로 AI와 IoT를 활용한 매장 분석 서비스의 리드 엔지니어를 소개하겠습니다. 실제 매장에 설치된 IoT 디바이스도 다루고 있습니다.

● AI와 IoT를 활용한 매장 분석 서비스의 리드 엔지니어

ABEJA 주식회사의 주력 AI 패키지 제품인 'ABEJA Insight for Retail'의 리드 엔지니어를 맡고 있는 분을 소개하겠습니다. 엔지니어 전체를 이끌며, 어떻게 개발할지를 결정하는 지도자 역할을 합니다.

● 경력

산업기술 고등전문학교 졸업 후, 슈토대학 도쿄에 편입학했습니다. 고등학교 재학 중에 초소형 인공위성 개발, 의료기기에 관한 연구에 참여했습니다. 이화학 연구소에서는 방사능 흔적 관측에 관한 실험 시스템 구축 및 중성자 영상처리 연구, 대학에서는 양자 효과 소자 관련 연구에 종사했습니다.

현재는 소매 유통업용 매장 분석 서비스 'ABEJA Insight for Retail'의 사업부에 리드 엔지니어로 소속되어 빅데이터 기반 개발부터 운영까지 폭넓게 담당하고 있습니다.

● 업무 내용

AI와 IoT를 활용한 매장 분석 서비스인 'ABEJA Insight for Retail'의 리드 엔지니어입니다. 1,500대 이상 설치된 IoT 디바이스를 지원하는 빅데이터 기반의 설계, 개발, 운영을 주도하고 있습니다. 웹으로 완성된 제품과 달리 수백 개 매장에 설치된 수천 대의 IoT 디바이스를 다루기 때문에 AI 기술뿐만 아니라 서버, 네트워크, IoT 기술도 총동원하여 부하 특성을 고려한 설계 및 개발을 하고 있습니다. 인턴십 채용과 인재육성, 개발 팀 체제의 구축 등, 개발 현장을 이끄는 역할도 담당합니다.

○ 하루 업무 내용

하루 중 코딩, 시스템 릴리스에 많은 시간을 할애합니다. 바쁜 날에는 미팅 횟수가 늘고 시간이 길어지며, 18:00시부터는 조사 및 기술 검증을 합니다. 전국에 고객을 보유한 서비스의 리드 엔지니어이지만, 현지 담당자, 고객과 전화 등으로 협의하여 문제를 해결하는 경우가 많기에 본인이 직접 각 지역으로 출장을 가는 일은 많지 않다고 합니다.

■ 타임 스케줄(평상시)

10:00	프로젝트 개발 팀과 미팅
11:00	코딩
12:00	
13:00	점심 휴식
14:00	코딩, 시스템 릴리스
15:00	
16:00	
17:00	메일 대응, 자료 작성
18:00	기능 확장 · 운용을 위한 조사, 기술 검증

■ 타임 스케줄(바쁠 때)

10:00	프로젝트 개발 팀과 미팅
11:00	서비스 도입 운용에 관한 서포트 팀과 미팅
12:00	고객의 프로젝트 이용과 활용을 보조하는 석세스팀과 미팅
13:00	점심 휴식
14:00	코딩, 시스템 릴리스
15:00	
16:00	
17:00	메일 대응, 자료 작성
18:00	기능 확장 · 운용을 위한 조사, 기술 검증

■ 업무의 포인트

고객을 위해 가치를 창출하는 프로젝트를 만든다. 요소 기술의 연구, 개발, 검증을 하여 구현하기까지의 사이클을 재빨리 돌려보고, 개발팀을 이끈다

IoT의 이해
(디바이스, 네트워크, 애플리케이션 등)

AI/머신러닝의 이해
(알고리즘 특성, 부하 특성, 컴퓨터 사이언스 등)

아이디어를 재빨리 구현하는 힘
(가설 입안 · 검증 능력 · 프로토타이핑 능력 등)

사외 고객과 사내 멤버와 원활히 소통하는 힘

AI/IoT만의 부하 특성을 고려한 프로젝트 운용 설계·체제 구축·운용 보조 시스템을 작성하여 팀을 이끌며 개발한다

AI/IoT의 관점에서 고객 체험에 영향을 미치는 요소 분석, KPI 설계, KPT 취득 방법의 확립

수치에 기반한 개발 운용 체제 구축력

운용 체제를 지탱하는 서비스 개발력

정리

▶ 업무의 포인트는, 고객의 입장에서 가치를 창출하는 제품을 만드는 것이다

▶ 연구-개발-검증-구현 사이클을 재빨리 돌려서 아이디어를 눈에 보이는 것으로 만들어야 한다

▶ AI, IoT/머신러닝의 이해에 더해, 개발 · 운용 기술, 고객이나 팀원과 대화하는 능력도 필요하다

18

AI 엔지니어의 업무란
-총괄-

지금까지 살펴본 바와 같이 AI 엔지니어의 하루는 업무 형태에 따라 다릅니다. 하지만 고객이 원하는 것을 만드는 일이기에 고객의 요구에 맞춰 움직인다는 점에서는 공통점이 있습니다.

○ 개발 업무만 하지는 않는다

개발 담당자는 컴퓨터를 마주보고 작업하는 경우가 많지만, 항상 컴퓨터만 마주하고 있는 것은 아닙니다. 데이터 사이언티스트, AI 시스템을 지원하는 인프라 엔지니어 등 프로젝트에 참여하는 멤버들과 회의를 하고 소통하면서 개발을 진행합니다. 또한, 고객의 과제를 해결하기 위해 요구사항 등을 직접 들을 때도 있습니다. AI 시스템의 특성상, 데이터 수집에 대해서도 내용이나 확보 방법을 논의해야 합니다. 때로는 제조 라인이나 소매점 등 실제로 데이터를 생성하는 현장을 방문하여 데이터 수집을 고민할 때도 있습니다.

■ 멤버간 소통은 필수

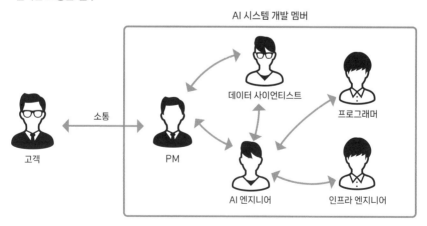

AI 시스템 개발 멤버

데이터 사이언티스트

프로그래머

고객 ←소통→ PM

AI 엔지니어

인프라 엔지니어

◉ AI로 세상의 과제를 해결하는 것이 목적

AI 엔지니어는 AI를 활용하여 과제를 해결하기 위해 시스템을 개발하고 운영하는 직업입니다. 단순히 AI 시스템을 개발하는 것만이 목적이 아닙니다. 과제 해결을 위해 넓은 시야를 가지고 다각적으로 방법을 검토해야 합니다. 그러기 위해서는 고객의 요구 사항을 듣고 프로젝트 내외의 구성원과 원활히 소통해야 합니다. AI 기술을 추구하고 싶은 사람은 AI 엔지니어가 아닌 연구에 전념하는 AI 리서처를 목표로 하는 편이 좋을 수 있습니다. AI 엔지니어로 일하기 위해서는 AI로 세상을 더 낫게 만들고자 하는 마음이 중요합니다.

◉ 시행착오를 반복하며 프로젝트를 진행한다

AI 시스템과 기존 업무 시스템의 가장 큰 차이점은 문제 해결 방법에 정답이 정해져 있지 않고, 해보지 않으면 알 수 없다는 점입니다. 운영 후에도 정확도가 떨어지면 원인을 찾아 개선해 나갑니다. 수집하는 데이터의 내용이나 수집 방법에 변화가 없는지 확인하려면 AI 시스템의 구조를 이해시키는 등 고객의 협조가 필수적입니다. 따라서 프로젝트 매니저 등 고객과 직접 소통하는 포지션이라면, 알기 쉬운 언어로 설명하고 과제 해결을 위해 친절하게 대응할 수 있는 기술이 필요합니다.

또한, AI 시스템 프로젝트는 기존의 업무 시스템이나 웹 애플리케이션 등의 기술에 AI 고유의 업무가 더해진 형태입니다. 따라서 업무 시스템이나 웹 애플리케이션 개발 프로젝트 경험이 있는 프로젝트 매니저나 시스템 엔지니어, 프로그래머는 기술이나 경험을 활용할 수 있습니다. 반대로 AI에 대해서만 알고 있는 엔지니어는 이러한 기술을 습득해야 합니다. 다음 장에서는 AI 엔지니어에게 필요한 기술을 소개하겠습니다.

■ AI 시스템은 운용 후에도 개선이나 기능 추가 등이 필요하다

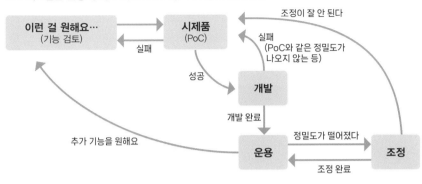

COLUMN

AI 엔지니어라는 호칭

이 책에서는 AI 시스템의 구현 및 운영을 담당하는 사람을 AI 엔지니어라고 부릅니다. 그러나 기업에 따라서는 구현·운용에 더해 AI 모델 작성까지 하는 사람을 데이터 사이언티스트라고 부르기도 합니다. AI 분야는 아직 탐색 단계이기 때문에 직종 이름이나 업무 범위가 명확히 정해지지 않았기 때문입니다. AI 엔지니어의 취업 및 이직 정보를 볼 때는 데이터 사이언티스트를 모집하는 기업도 체크해 보는 것이 좋습니다.

정리

▣ AI 엔지니어는 컴퓨터만 쳐다보는 직업이 아니라 개발 멤버와 연계하면서 개발을 진행한다

▣ 고객의 요구를 만족시키기 위해 고객과의 의사소통이 필수이다

▣ AI 엔지니어는 AI로 세상을 더욱 좋게 만들겠다는 마음을 지녀야 한다

COLUMN 유연하게 일하는 법

IT 업계는 유연한 근무 형태가 발달한 산업이라고 할 수 있습니다. 특히, IT 엔지니어는 정규직이라도 주 1~2일 근무하는 근무 방식이나 부업으로 일하는 경우도 적지 않습니다. 이때, 급여는 월급이 아닌 일할 계산이나 프로젝트 성과 보수로 받기 때문에 IT 엔지니어로서의 연봉은 2000만 원 이하로 산출되기도 합니다.

■ **본업과 부업**

		월	화	수	목	금
본업은 주1~2회 근무, 다른 날은 부업	케이스 1	본업	본업	부업	부업	부업

		월	화	수	목	금
본업과 병행하여 부업	케이스 2	본업 / 부업	본업 / 부업	본업	본업 / 부업	본업 / 부업

4장

▼

AI 엔지니어가
되려면?

3장에서는 AI 엔지니어의 실태와 업무 내용을 살펴보았습니
다. AI 엔지니어가 되려면 어떤 기술이 필요할까요? 4장에서
는 AI 엔지니어가 되기 위한 과정과 익혀야 할 기술에 관해 설
명하겠습니다.

19 AI 엔지니어에게 필요한 기술

AI 엔지니어는 AI 모델을 활용한 시스템을 개발합니다. 이를 위해서는 AI 기술과 더불어 애플리케이션 개발 기술도 필요합니다. 폭넓은 지식을 갖춰야 하므로 많은 훈련이 필요합니다.

● AI 기술과 애플리케이션 개발 기술

AI 엔지니어는 고객이 지니는 문제를 AI를 이용하여 해결하는 시스템을 개발하는 일을 합니다. AI 시스템이라도 개발 방법은 일반 애플리케이션과 크게 다르지 않습니다. AI 엔지니어에게 필요한 것은 'AI 기술 + 애플리케이션 개발 기술'입니다.

■ AI 엔지니어에게 필요한 기술

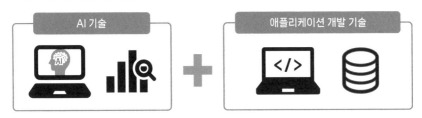

시스템 엔지니어나 프로그래머 등 IT 엔지니어로 활약하고 있는 사람이라면 애플리케이션 개발 기술은 이미 익혔을 것입니다. 그렇다면 AI 기술에 필요한 기초 지식을 습득하면 AI 엔지니어로 활약할 기회를 얻을 수 있습니다. 학생이나 다른 업계에서 AI 엔지니어를 목표로 한다면, 이미 가진 지식에 더해 AI 기술이나 애플리케이션 개발, 또는 두 가지를 모두 습득해야 합니다. 이공계 학생이라면 대학 등에서 배운 수학이나 통계 등의 지식이 무기가 될 수 있습니다. 다른 직종에서 이직하려면 이 업계의 지식(95쪽 참조)이 있으면 무기가 될 것입니다.

⊙ AI 기술을 익히려면

AI 기술이라고 해도 머신러닝이냐 딥러닝이냐, 혹은 이미지냐 동영상이냐 등 취급하는 데이터의 형태에 따라 필요한 기술이 달라집니다. 또한, 새로운 방법론도 계속 등장하고 있습니다. 따라서 처음부터 모든 것을 배울 수는 없습니다. 애초에 어떤 방법을 사용할지는 해결하고자 하는 과제에 따라 달라집니다. 현재 AI 엔지니어로 일하고 있는 사람들도 각 프로젝트의 과제에 맞는 해결 방법을 모색하고 있습니다.

■ 과제에 따라 다루는 데이터는 다르다

AI 기술은 이론만으로는 실제에 활용할 수 없는 경우가 많습니다. AI 시스템은 다양한 데이터를 기반으로 개발되지만, 책상에서 학습할 때는 정확도가 높은 데이터만 다룰 수도 있습니다. 하지만 실제 프로젝트에서는 정확도가 낮은 데이터가 많습니다. 따라서, 이제부터 소개할 분야의 기초 지식을 먼저 습득하는 것이 좋습니다.

정리

▶ AI 엔지니어는 AI 기술과 애플리케이션 개발 기술을 갖춰야 한다

▶ AI 기술은 광범위하다

▶ 우선은 AI 기술의 기초 지식 습득을 목표로 삼는 것이 좋다

4

AI 엔지니어가 되려면?

20 | AI 기술에 필요한 기초 지식

기존 AI 모델을 활용하기만 한다면 수학 지식이 없어도 문제없습니다. 하지만 매개변수를 조정할 때는 수학에 대한 기본 지식이 있는 편이 좋습니다. 또한, 머신러닝의 기초도 알아두면 도움이 될 것입니다.

○ 확률과 통계

간단히 말해서 AI는 확률과 통계를 조금 더 복잡하게 만든 것입니다. 그 근간에는 수학적 이론이 있기에 확률과 통계에 대한 기초 지식 유무에 따라 AI에 대한 이해도가 크게 달라집니다.

최소한 모집단, 정규분포 등 데이터의 총수나 분산에 대한 지식이 필요합니다. 모집단이나 정규분포에 대한 이해가 부족하면 AI 모델에 얼마나 많은 데이터를 학습시켜야 하는지, 필요한 데이터 총량을 파악하기가 어려워집니다. 또한, 편향된 데이터를 학습시키면 적절한 AI 모델을 구축할 수 없게 될 수도 있습니다.

■ 모집단과 정규분포

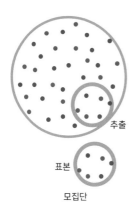

추출
표본
모집단

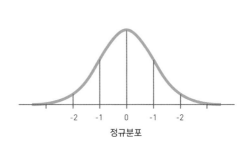

정규분포

◉ 데이터의 정리와 가시화, 평가의 지식

AI 모델을 구축하기 위해서는 데이터의 특성을 파악하는 것도 중요합니다. 방대한 데이터를 바탕으로 수치의 그래프화, 비슷한 것끼리 모으는 그룹화, 데이터의 특징을 유지하면서 데이터 양을 줄이는 차원 축소 등 인간이 이해하기 쉬운 상태로 만들어야 합니다. 데이터의 특성을 파악하여 AI 모델을 구축해야 한다는 이야기입니다. AI 시스템을 개발한 후, 올바른 결과가 나오는지 확인하기 위해 데이터의 시각화 및 결과 평가를 실시합니다. 따라서 '데이터 보는 법'은 모든 AI 엔지니어가 갖춰야 할 기초 지식이라고 할 수 있습니다. 구체적으로는 174쪽에서 설명할 ROC 곡선과 AUC를 이해할 정도의 지식은 필수입니다.

◉ Python의 기초 지식

AI 모델 구축에는 Python이 광범위하게 사용되고 있습니다. 다양한 AI 모델 샘플이 Python으로 작성되어 있기에 AI 엔지니어는 Python을 반드시 알아야 합니다.
또한, Python에서는 NumPy, Scikit-learn 등의 수치 계산 및 머신러닝 라이브러리도 사용되므로 이것들도 이해해야 합니다. 데이터를 다루는 장면에서는 Pandas 라이브러리도 자주 사용됩니다. 또한 딥러닝 분야에서는 TensorFlow라는 라이브러리가 사용되기도 합니다.
긴 프로그램이나 복잡한 프로그램을 짤 수는 없더라도 Python의 기본 지식은 익혀 두도록 합시다.

정리

▶ 확률과 통계 분야에서는 모집단과 정규분포를 알아두자
▶ 데이터 보는 법을 익히기 위해 ROC 곡선과 AUC를 알아두자
▶ AI 모델을 구축하기 위해서 Python의 기초 지식과 NumPy, Scikit-learn 등의 라이브러리를 익혀두자

4

AI 엔지니어가 되려면?

21 AI 프로그래밍을 시작하는 법

AI 모델을 만드는 방법에는 코드를 작성하는 방법과 GUI로 만드는 방법이 있으며, 둘 모두 특정 라이브러리나 서비스를 사용하게 됩니다. 대표적인 라이브러리나 서비스는 튜토리얼을 제공하므로 우선은 그 라이브러리나 서비스부터 시작해보도록 하겠습니다.

● 학습의 첫걸음

AI 프로그램을 만들려면 Python 등의 프로그래밍 언어를 이용해 코드를 작성하는 방법과 마우스 등을 이용해 GUI 조작으로 만드는 방법이 있습니다. GUI는 언뜻 간단해 보이지만 데이터 조작이나 머신러닝 계산 등의 공정은 마찬가지이며, AI 모델의 기초 지식이 필요한 것도 동일합니다. 따라서 GUI로 만들더라도 프로그래밍적 사고방식은 알아두는 편이 좋을 것입니다.

■ AI 모델의 프로그램을 만드는 방법

	프로그래밍 한다	GUI를 사용한다
간편함	프로그래밍 지식이 필요하므로 약간 어렵다	프로그래밍 지식이 없어도 만들 수 있으므로 간편하다
완성 시간	길다	짧다
성능 평가와 가시화	평가와 가시화 프로그래밍이 필요	그래프 등의 부속 툴을 사용하여 금방 확인할 수 있다
완성한 AI 모델을 시스템에 적용	쉽다	경우에 따라 다르다

※완성한 AI 모델을 시스템에 적용하는 방법은 192쪽을 참조한다.

● AI 프로그래밍에서 사용하는 라이브러리

프로그래밍을 통해 AI 모델을 만들 때는 다양한 라이브러리를 사용합니다. 라이브러리 사이트는 체험할 수 있는 튜토리얼을 제공하고 있으니 우선은 거기서부터 시작하는 것이 좋습니다.

■ AI 모델의 프로그래밍에 자주 사용되는 라이브러리

라이브러리	내용
Scikit-learn (https://scikit-learn.org/stable/)	다수의 기본적인 머신러닝 알고리즘이 구현된 근간이 되는 라이브러리. 이것을 전제로 한 학습 참고서도 많으며, 사이트 자체도 학습 콘텐츠가 충실하다
PyTorch (https://pytorch.org/)	페이스북 등의 인공지능 연구 그룹에서 탄생한 딥러닝 라이브러리. 최근 공유를 늘리고 있다. fast.ai(https://www.fast.ai/)에서는 PyTorch를 사용한 샘플을 체험할 수 있다
TensorFlow (https://www.tensorflow.org/)	Google Brain 팀에서 탄생한 딥러닝 라이브러리. 오래전부터 있던 라이브러리로 대응 범위가 넓다. 이 사이트에는 머신러닝이나 딥러닝을 체험할 수 있는 콘텐츠가 마련되어 있다.

라이브러리 사용법을 설명한 문서도 공식 사이트나 블로그 등에 다수 공개되어 있습니다. 수학이나 프로그래밍에 대한 지식이나 기술이 많지 않더라도 사용법을 익히면 실제 코드를 보면서 학습을 진행할 수 있습니다.

○ 클라우드 서비스 이용하기

AI 모델은 클라우드에서도 만들 수 있는데, 구글, 아마존, 마이크로소프트가 클라우드에서 AI 모델을 사용할 수 있는 서비스를 제공하고 있습니다. 클라우드 서비스에서는 코드를 짤 수 있는 환경뿐만 아니라 GUI를 통한 프로그래밍 환경도 대부분 제공합니다. 따라서 클라우드 서비스를 이용하면 '데이터를 업로드하고, 해결해야 할 과제나 조건을 선택한 후 실행 버튼 누르기' 등의 GUI 조작을 통해 이미지 인식이나 언어 처리 등의 결과를 얻을 수 있습니다.

무엇보다 간편하고, 직접 만들기 어려운 AI 모델도 준비되어 있기에 이를 응용해서 AI 프로그래밍도 시도해볼 수 있습니다.

단, 클라우드 서비스는 대부분 종량제로, 사용할수록 비용이 많이 듭니다. 또한, 자사 서비스에 설치하면 이들 클라우드 서비스에 연결해야 하므로 웹 시스템 개발 능력이 필요합니다.

■ 클라우드 환경의 AI 서비스

클라우드 서비스	AI 서비스명
Google	Cloud AutoML(https://cloud.google.com/automl/)
Amazon	Amazon SageMaker (https://aws.amazon.com/jp/sagemaker/)
Microsoft	Microsoft Azure Machine Learning (https://azure.microsoft.com/ja–jp/services/ machine–learning/)

예를 들어 Microsoft Azure Machine Learning에서는 대표적인 AI 알고리즘(계산 방법)이 준비되어 있어서 '입력할 데이터', '데이터에 대한 전처리(정리)', 'AI 알고리즘', '출력할 데이터'를 선으로 연결하기만 하면 쉽게 AI 모델을 만들 수 있습니다. 프로그램을 짤 필요가 전혀 없습니다.

■ Microsoft Azure Machine Learning

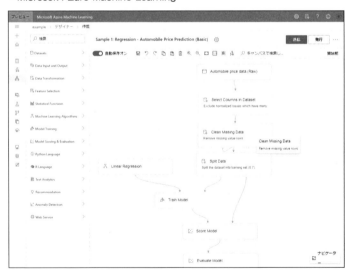

좀 더 구체적인 GUI 모델링으로 소니의 Neural Network Console(https://dl.sony.com/ja/)도 있습니다. 이는 실제로 '유닛'이라는 데이터 처리층을 드래그 앤 드롭으로 쌓아 올려 AI 시스템을 만들 수 있는 방법으로, 화제를 모으고 있습니다.

■ Neural Network Console

⚪ GUI 프로그래밍은 현장에서도 활용된다

GUI 프로그래밍은 학습뿐 아니라 실제 생산 현장에서도 활용됩니다.

GUI 방식을 이용하면 코드를 잘 아는 프로그래머가 피로나 익숙함으로 인해 기본
적인 실수를 할 위험이 줄어들기에 튜닝과 커스터마이징에 집중할 수 있습니다.

또한, 결과물을 바로 확인할 수 있기에 시제품 제작 방침을 결정하는 목적이나, AI
프로젝트에 대해 고객에게 설명하고 이해를 구하는 목적으로도 사용할 수 있습니다.

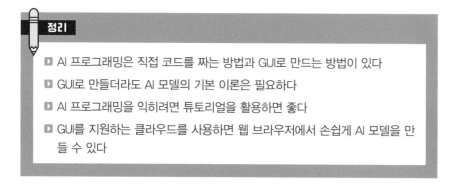

정리

▷ AI 프로그래밍은 직접 코드를 짜는 방법과 GUI로 만드는 방법이 있다

▷ GUI로 만들더라도 AI 모델의 기본 이론은 필요하다

▷ AI 프로그래밍을 익히려면 튜토리얼을 활용하면 좋다

▷ GUI를 지원하는 클라우드를 사용하면 웹 브라우저에서 손쉽게 AI 모델을 만
들 수 있다

22 애플리케이션 개발 기술

AI 시스템에서는 고객이 데이터 분류 및 분석 결과를 확인할 수 있는 애플리케이션을 제공하는 경우가 있는데, AI 엔지니어 자신도 애플리케이션의 완성된 이미지와 기본 방식에 대해 잘 알고 있어야 합니다.

○ 애플리케이션 개발 기술이 필요한 이유

AI 모델이 분류하고 분석한 결과를 고객이 쉽게 확인할 수 있으려면 PC와 웹 애플리케이션을 준비해야 하며, 이를 위해서는 웹에 대한 지식이 필요합니다. 또한 기본적인 웹 애플리케이션은 데이터를 처리하는 웹 서버와 데이터를 저장하는 데이터베이스의 백그라운드, 데이터를 입력하거나 결과를 표시하는 프론트엔드로 구성됩니다. 이러한 구성의 웹 애플리케이션을 개발하려면 서버와 네트워크에 대한 지식도 필수입니다.

■ 웹 애플리케이션의 예

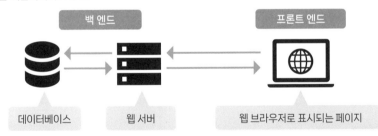

백 엔드		프론트 엔드
데이터베이스	웹 서버	웹 브라우저로 표시되는 페이지

실제로 고객이 결과물을 확인하는 애플리케이션은 AI 엔지니어가 개발하는 것이 아니라 대부분 웹 엔지니어나 시스템 엔지니어, 프로그래머 등에게 개발을 의뢰합니다. 하지만 의뢰할 때도 어떤 애플리케이션을 원하는지 전달하고 개발된 애플리케이션을 테스트합니다. 이를 위해서도 애플리케이션 개발 기술은 필요합니다.

● IoT 애플리케이션 기술

AI 시스템에서는 정지화면이나 동영상을 촬영하는 카메라, 음성을 녹음하는 마이크, 각종 센서값을 수집하는 IoT 기기 등을 활용하는 경우가 있기 때문에, AI 시스템에 따라서는 IoT 애플리케이션에 대한 지식이 필요합니다.

예를 들어, 'CCTV로 찍은 영상으로 수상한 사람을 판별하고, 수상한 사람이 있으면 스피커 등으로 경고음을 내는' AI 시스템을 구축한다고 가정해 보겠습니다. 이경우 IoT 기기에 방범 카메라와 스피커를 이용하여 AI 시스템을 구축하게 됩니다.

■IoT를 이용한 AI 시스템

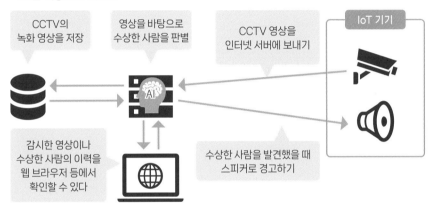

물론 AI 엔지니어 혼자서 IoT 기기를 선별하거나 AI 시스템 전체의 구조를 결정하지는 않습니다. 하지만 이러한 지식이 있으면 문제 해결을 위한 다양한 방법을 생각할 수 있습니다.

정리

▷ 고객이 결과를 확인하기 위한 애플리케이션이 필요하다

▷ 애플리케이션 개발을 의뢰하고 테스트할 때 애플리케이션 개발 기술이 필요하다

23 AI 엔지니어에게 필요한 자격증은?

AI 엔지니어가 되기 위해 자격증이 필요하지는 않지만 다른 사람에게 자신이 얼마나 많은 기술을 보유하는지를 나타내는 지표가 될 수 있습니다. 또한 학습 과정에서 지식의 범위를 가늠할 수 있는 기준이 되기도 합니다.

○ 특별한 자격증은 없다

AI 엔지니어가 되기 위해 특별한 자격이 있는 것은 아니기에 AI 시스템을 개발하는 엔지니어라면 AI 엔지니어를 자처할 수 있습니다. 하지만 지식의 범위가 넓은 만큼 어느 정도의 지식을 가지고 있는지 증명하기 어려운 측면도 있습니다.

그렇기에 전문학과를 나왔거나 실무 개발 경험이 있는 분들이면 특정 자격증이 없어도 문제는 없지만, 비전공자들은 스펙을 쌓기 위해 따두는 것도 나쁘지 않은 선택이라고 할 수 있습니다. 몇몇 기업에서는 이러한 자격증 취득을 권장하는 경우도 있습니다. 어느 정도의 지식을 가지고 있는지를 증명할 수 있기 때문에 취득을 목표로 공부하는 것을 추천합니다.

● 파이썬 마스터 : 한국정보통신진흥협회(KAIT)에서 파이썬에 대한 알고리즘 이해 및 코딩, 인프라 구축에 필요한 프로그래밍 전문 인력을 양성하기 위하여 2020년부터 시행하는 자격증으로 1, 2, 3급이 있습니다. 파이썬은 인공지능 분야에서는 가장 폭넓게 활용되는 언어이기 때문에, AI 엔지니어에게는 반드시 알아야할 언어에 해당합니다. 물론, 자격증을 가지고 있다고 해서 큰 이득이 있지는 않지만 비전공자들이 AI 분야에 진출할 때 남에게 보여주기 위한 스펙으로는 나쁘지 않은 선택이라고 생각합니다.

년한은 짧지만 공신력을 어느 정도 인정받은 상태이기 때문에 비전공생들이 스펙을 쌓기 위해 많은 도전을 하고 있습니다. 필기 과목은 1급 기준 컴퓨팅 사고력, 파이썬 문법, 알고리즘으로 되어 있습니다.

●빅데이터 분석기사 : 빅데이터 분석기사란 빅데이터 이해를 기반으로 빅데이터 분석 기획, 빅데이터 수집·저장·처리, 빅데이터 분석 및 시각화를 수행하는 실무자를 말합니다. 다양하고 복잡한 대량의 데이터에서 원하는 데이터를 추출하고 결과를 분석하는 능력에 대한 것을 검증하는 자격증으로, 시험 과목은 빅테이터 분석기획, 빅데이터 탐색, 빅데이터 모델링, 빅데이터 결과해석의 4과목입니다. 빅데이터는 인공지능에서 핵심 기술이자 미래 성장동력이기 때문에 정부에서는 관련 기업 투자를 이끄는 등 국가·기업의 주요 전략 분야로 부상하고 있습니다. 인공지능의 발달로 빅데이터 분석 전문가의 수요는 증가하고 있으나, 수요 대비 공급 부족으로 인력 확보에 어려움이 높은 실정입니다. 데이터베이스 관련 실무자로 활동하려면 이 자격증 취득시 많은 도움을 받을 수 있습니다.

●AIFB(AI Fundamentals for Business) : 기업 실무에서 필요한 인공지능 모델링 역량을 평가하기 위해 KT가 만든 민간 자격증으로, 다른 자격증과 달리 100% 실기 평가로 이루어지며 Basic, Associate, Professional의 3단계가 있습니다. 중간 등급인 Associate는 데이터 분석/처리 및 AI 모델링 역량을 평가합니다.

●AICE(AI Certicate for Evertone) : KT와 한국경제신문이 주관하는 인공지능 활용능력 자격증으로 인공지능 기술을 제대로 다룰 수 있는지를 평가합니다. 프로페셔널, 어소시에이드, 베이직, 주니어, 퓨터의 5등급으로 이루어져 있으며, 시험을 주관하는 KT는 물론, 현대중공업이나 동원F&B 등의 대기업 여러 곳이 AICE 자격 소지자를 입사나 승진에 있어 가산점을 주어 주목받고 있는 자격증 중의 하나입니다.

정리

▶ AI 엔지니어에게 필수 자격증은 없다

▶ 기업에 따라서는 특정 자격증이 있는 경우 가산점을 주기도 한다

24

AI 엔지니어가 되려면
~ 학생 편 ~

AI 엔지니어가 되는 길은 학생인지 사회인인지, IT 엔지니어인지 등에 따라 달라집니다. 학생이라면 AI 시스템을 개발하는 기업의 신입사원 채용을 목표로 하는 것이 가장 좋은 방법입니다.

● 학생에서 AI 엔지니어로 가는 길

학생들이 AI 엔지니어가 되기 위해서는 AI 시스템을 개발하는 기업의 신입사원 채용을 목표로 하는 것이 가장 좋은 방법입니다. 애플리케이션 개발 경험이 없어도 통계나 수학 등 전문 지식이 있다면 취업할 가능성이 매우 큽니다. 회사는 신입으로 채용한 학생을 교육과 실무 경험을 통해 육성시키려고 할 것입니다.

하지만 AI 시스템을 개발하는 모든 기업이 신입사원을 채용하지는 않습니다. 또 대학 때의 전공 때문에 갑자기 AI 엔지니어를 목표로 하기는 어렵다고 생각하는 사람도 있을 것입니다. 이런 경우, IT 업계에서 애플리케이션 개발 실무 경험을 쌓거나 통계, 데이터 분석 등의 업무 경험을 쌓은 후 AI 엔지니어로 이직하는 방법도 있습니다.

■ 학생이 AI 엔지니어가 되려면

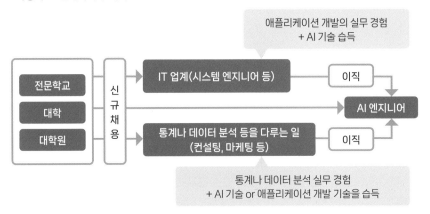

● AI 엔지니어가 되기 쉬운 전공

신입사원 채용은 어떤 학과 출신이든 지원할 수 있지만, 많은 지원자 속에서 선별하기에 학과와 전공이 중요한 요소입니다. 대학이나 전문학교에는 공학이나 컴퓨터 과학 등을 전문적으로 배울 수 있는 학과나 코스가 마련되어 있습니다. 따라서, 이러한 분야의 지식과 기술을 습득하는 것이 좋습니다. 특히 수학이나 통계에 대한 지식이 깊을수록 취업에 유리합니다.

■ 전공 예

| 통계 | 수학 | 정보공학 | 기계공학 | 프로그래밍 |

● 자격증을 취득하거나 인턴십에 도전

구직 활동에서는 눈에 보이는 실적이 있으면 유리합니다. 우선 자격증부터 생각해 볼 수 있는데, AI 엔지니어가 필수로 따야 하는 자격증은 없지만, 어느 정도의 지식이 있는지를 보여주기 쉬우므로 관련 자격증 취득을 목표로 하는 것도 좋습니다.

또한, AI 시스템을 개발하는 기업의 인턴십에 참여하면 구체적인 업무 내용을 알 수 있고, 선배 직원에게 직접 이야기를 들을 수 있습니다. 인턴십에 참여한다고 해서 특혜를 받는 것은 아니지만, 업계 지식과 현장 분위기를 알 수 있으니 관심 있는 기업에서 인턴십을 운영한다면 도전해 보시기 바랍니다.

정리

▷ 학생은 신규 채용이 AI 엔지니어로 가는 지름길이다
▷ 수학이나 통계, 프로그래밍을 전공하면 취직에 유리하다
▷ 지식 범위를 증명하기 위해 통계 관련 자격증을 취득하면 좋다
▷ 인턴십을 활용하여 업계 지식을 쌓아 나간다

25 AI 엔지니어가 되려면
~ IT 엔지니어 편 ~

이미 IT 엔지니어라면 AI 엔지니어로 가는 길은 멀지 않습니다. 왜냐하면 AI 기술을 익히면 AI 엔지니어가 될 가능성이 크기 때문입니다.

● IT 엔지니어에서 AI 엔지니어로 가는 길

이미 IT 엔지니어로 일하고 있는 사람이라면 크게 두 가지 길이 있습니다. 현 직장에서 AI 관련 프로젝트에 참여하거나, AI 시스템을 개발하는 회사로 이직하는 것입니다. 기업이나 팀의 구조에 따라서는 사내에 AI를 도입하거나 다른 팀으로 옮기는 것이 어려울 수도 있습니다. 그렇다면 다른 회사로 시야를 넓혀보세요.

■ AI 엔지니어로 가는 길

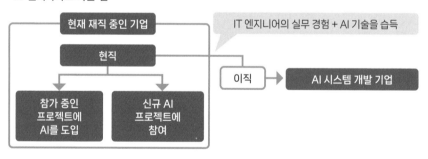

● 사내 AI 프로젝트에 참여하기

문제 해결을 위해 AI 활용을 고려하는 기업이 늘어나면서 사내에서 AI 프로젝트를 시작하기도 합니다. 새롭게 출범한 AI 프로젝트에 개발 멤버로 참여할 수 있다면, AI 엔지니어가 되는 길이 열립니다.

AI 프로젝트라고 해서 기존 애플리케이션 개발 프로젝트와 업무 방식이 크게 달라지는 것은 아닙니다. 데이터 사이언티스트가 AI 모델을 개발한다면, 전문적인 AI 지식이 없어도 AI 시스템 개발을 진행할 수 있을 것입니다. 하지만 데이터 사이언티스트와 소통하며 개발을 진행하기 위해서는 통계에 대한 지식이 있는 것이 좋습니다. AI 프로젝트 참여를 발판 삼아 조금씩 AI 기술을 연마해 나간다면, AI 엔지니어로 한 단계 더 성장할 수 있을 것입니다.

○ AI 시스템 도입 제안하기

사내에서 AI 프로젝트를 시작하지 못한다면, AI 시스템 도입이나 기존 시스템에 AI를 접목하는 방법을 제안할 수도 있습니다. 갑자기 복잡한 AI 모델을 개발하는 것은 어렵지만, 기존 데이터에 기존 AI 모델을 적용하는 것만으로도 AI 시스템으로 활용할 수 있습니다. 이상 감지나 이미지 매칭 등은 대표적인 기법이 확립되어 있에 업무에 적용하기 쉬운 편입니다.

업무 데이터가 많다면 AI 기술을 공부하여 간단한 AI 모델을 시험 삼아 만들어보는 것도 좋은 방법입니다. AI 모델 시제품 제작은 Azure ML이나 Neural Network Console과 같이 GUI로 시험해볼 수 있는 툴을 활용하면 간단합니다.

○ AI 시스템을 개발하는 기업으로 이직하기

현재 직장에서 AI 관련 프로젝트에 참여하기 어렵다면, AI 시스템을 개발하는 회사로 이직하는 것도 좋은 방법입니다. 애플리케이션 개발 실무 경험이 있다면, AI 기술을 익혀서 AI 엔지니어로 이직할 수 있는 길이 열리므로, 80쪽에서 설명한 AI 기술의 기초 지식을 쌓는 것을 목표로 삼아 보세요.

정리

▷ 현재 재직 중인 기업에서 AI 프로젝트에 참여하거나 담당 업무에 AI 도입을 제안한다

▷ AI 시스템을 개발하는 기업으로 이직한다

26 AI 엔지니어가 되려면 ~ 비전공 IT 엔지니어 편 ~

IT 엔지니어가 아니라면 공부량이 조금 많고 문턱이 높으므로, AI 중심인지 엔지니어 중심인지에 따라 방향을 정하고 조금씩 경력을 쌓는 것이 좋습니다.

● 기초 지식이 없는 상태에서 AI 엔지니어의 길로

학생이 아닌 일반인인데 IT 엔지니어로서 실무 경험이 없다면 그간의 경력에 더해 AI 기술과 애플리케이션 개발 기술 유무에 따라 길이 달라집니다. 수학이나 통계를 전공했거나, 데이터 분석 등의 업무 경험이 있는 사람이라면 비교적 AI 엔지니어가 되기 쉽습니다. 하지만 이에 해당하지 않는다면, AI 기술과 애플리케이션 개발 기술의 기초부터 익혀나가야 합니다.

■ AI 엔지니어로 가는 길

● 연수 제도가 충실한 기업으로 이직

교육 제도가 있는 기업이라면 AI 기술이나 애플리케이션 개발 기술이 없어도 이직할 수 있습니다. 이런 기업에 입사하게 되면 입사 후 1~2개월 정도 AI나 프로그래밍 교육을 받은 후 프로젝트에 배치됩니다. 하지만 아무나 채용되는 것은 아니며, 소양과 소통 능력 등을 중요시합니다.

적성검사를 실시하는 기업도 있습니다.

○ 전문 지식 활용하기

AI를 활용해 과제를 해결하려면 과제와 관련된 전문 지식이 필요합니다. 산업의 기초 지식과 트렌드를 파악하지 못하면 어떻게 문제를 해결할지 검토조차 불가능합니다.

유통, 교육, 의료 등 산업을 막론하고 IT 산업 외의 전문 지식은 AI 시스템을 개발하는 데 큰 도움이 됩니다. 기업에서는 대상 산업에서 실무 경험이 있는 인재를 채용하는 경우도 있으니, IT 업계 외의 업계에서 일한 경험을 살릴 수 있는 AI 시스템 개발 기업을 찾아보는 것도 하나의 방법입니다.

○ 교육기관에서 공부한 후 이직

통계나 수학, 프로그래밍에 대한 기초 지식이 없다면 어디서부터 시작해야 할지 몰라 막막할 수 있습니다. 또한, 연수 시스템이 충실한 회사로 이직한다면 입사 후 벽에 부딪혀 좌절할 수도 있습니다.

이직을 고려하기 전에 필요한 기초 지식을 알려주는 교유기관을 활용하는 것도 한 가지 방법입니다. 최근에는 온라인으로 학습할 수 있는 곳도 있어서 휴식 시간이나 휴일에도 공부할 수 있습니다. 미리 AI에 대해 공부해 두면 기업이나 업무 내용과 맞지 않을 가능성을 줄일 수 있습니다.

정리

- ▣ 연수 제도가 충실한 기업으로 이직한다
- ▣ 전문 지식을 활용할 수 있는 기업으로 이직한다
- ▣ 교육기관 등을 활용하여 지식을 습득한 후 이직한다

AI를 시작하려는 사람들에게 가장 큰 걸림돌은 '학습에 사용할 수 있는 실제 데이터를 구할 수 없다'는 점입니다. 실제 현장에 나가보지 않으면 생생한 데이터를 접할 기회가 없기 때문입니다.

이런 문제를 해결해주는 것이 바로 'Kaggle(캐글)'이라는 사이트입니다.

Kaggle
https://www.kaggle.com/

■ **Kaggle**

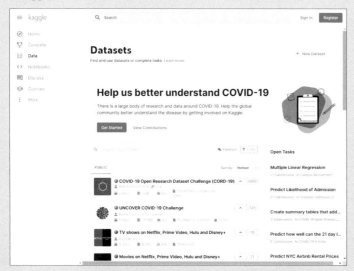

Kaggle은 머신러닝과 데이터 과학에 종사하는 사람들이 모여 있는 커뮤니티 사이트입니다. 기업이나 정부 등이 데이터를 제공하고, 그 데이터를 이용해 인공지능 모델을 경쟁하는 '대회'가 열립니다. 가장 정확한 모델을 만든 사람에게 상금이 주어지는 실력 테스트의 장입니다.

이 경진대회는 인공지능 초보자에게는 조금 멀게 느껴질 수 있지만, 경진대회 참가비는 무료라 비용이 들지 않습니다. 상금을 노릴 수 있는 수준이 아니더라도 대회에 참가하면 실제 데이터를 활용해 모델을 구축할 수 있습니다.

또한 Kaggle에는 '커널'이라는 기능이 있는데, 이 기능을 통해 브라우저에서 머신러닝 코드를 시험해보고 다른 사람들과 공유할 수 있습니다. 커널에는 선배 데이터 사이언티스트들이 만든 수많은 코드가 공개되어 있어서 이것을 보는 것만으로도 공부가 됩니다.

이제 막 AI를 시작하려는 사람은 Kaggle을 활용해보세요.

5장

▼

AI 시스템의
개요

5장에서는 AI 시스템을 더욱 기술적인 관점에서 설명하겠습니다. AI 엔지니어뿐 아니라 다른 개발직이나 영업직 등 직접적으로 AI 시스템에 관여하지 않는 사람이라도 AI 모델이 어떤 구조로 예측하고 추측하는지 등의 기초적인 이해는 필수입니다.

27 AI 시스템이란?

AI 시스템이란 AI 모델을 이용한 분류/예측 등의 처리가 포함된 시스템 전반을 의미합니다.
AI 시스템을 만들려면 먼저 시스템 전체가 어떤 구조로 이루어져 있는지를 이해해야 합니다.

◉ 입력된 데이터에서 결과를 출력한다

이 책에서 설명하는 AI 시스템은 AI 모델을 이용해 처리하는 시스템 전반을 뜻하며, 어떤 데이터를 입력하면 AI 모델이 분류 및 예측 처리를 거쳐 결과를 출력합니다. 예를 들어 '기온이나 요일, 주변 이벤트 유무를 입력하면 매출 예측이 나온다', '비디오카메라로 공장의 생산 라인을 촬영하면 불량품이 지나갈 때 경고가 뜬다' 등의 시스템입니다.

AI 시스템의 핵심은 'AI 모델'이라는 처리 로직입니다. 즉, 시스템의 두뇌 역할을 하는 처리 로직 전후에 데이터를 입력하는 구조와 결과를 출력하는 구조가 장착된 것이 AI 시스템입니다.

■ AI 시스템의 구성도

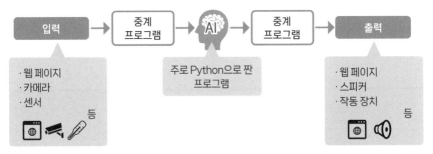

098

◯ AI 모델이란

학문 분야에서 모델이라는 이름은 '자연현상이나 사회현상을 사람들이 공통으로 이해할 수 있는 방식으로 기술한 것'을 가리킬 때 널리 쓰입니다. 가령 화학 분야에서 '물 분자 모델'이라고 하면, 흰색 원 좌우에 작은 검은색 원 두 개가 연결된 그림으로 표현합니다. 실제 물 분자가 어떻게 생겼는지는 인간이 직접 눈으로 볼 수 없지만, 그렇게 그리면 물의 다양한 현상을 설명하기 쉬워집니다.

■ 학술 분야에서 물 분자의 모델 예시

성질·움직임을 설명할 수 있다면
진짜 모습이 아니어도 된다

AI 모델은 통계 모델에서 시작되었다고 할 수 있습니다. 통계 모델은 이미 많은 분야에서 예측에 활용되고 있습니다. 흔히 하는 예측 중 하나로 '편차 분석을 통한 지원 학교 합격 예측'이 있습니다. 모의고사로 지망하는 학교의 합격과 불합격이 결정되는 것은 아니지만, 같은 학교를 지망하는 사람들의 점수 분포를 통해 '편차가 70점 이상이니 A등급' 등으로 예측하는 것입니다.

■ 합격 불합격 예측도 통계 모델 중 하나

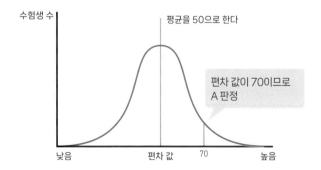

AI 모델에서 입력하는 데이터와 그 결과로 출력되는 데이터의 종류는 매우 다양합니다. 하지만 '데이터를 입력하면 이를 분류하고 분석한 결과를 출력한다'는 점은 동일합니다.

가령 이미지 인식 AI 시스템에서는 이미지를 입력하면 '고양이', '개' 등의 판별 결과를 출력합니다. 음성을 텍스트로 변환하는 AI 시스템에서는 음성 데이터를 입력하면 음성을 텍스트로 변환한 데이터가 출력됩니다. 또 매출을 예측하는 AI 시스템이라면 매출에 영향을 미칠 수 있는 입장객 수, 날씨, 주변 이벤트, 평일인지 휴일인지 등의 정보를 입력하면 매출 예측이 출력됩니다.

■ AI 모델에 데이터를 입력하면 결과가 출력된다

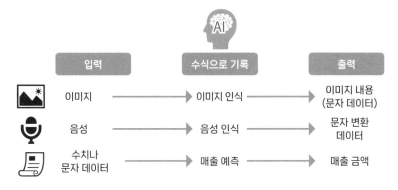

○ AI 모델 학습을 통해 스스로 성능을 개선한다

AI 모델의 근본적인 기술은 수치 분석과 통계를 통한 예측이지만, '지능'을 떠오르게 하는 몇 가지 운영상의 특징이 있습니다.

그중 가장 대표적인 것이 '학습하여 스스로 성능을 개선한다'는 점입니다. '스스로 개선한다'는 표현으로 이미 의인화되었다는 사실을 알 수 있습니다. AI 모델은 학습을 반복하면서 분석하고 예측하는 알고리즘에서 사용하는 인자 등의 파라미터를 스스로 변경합니다. 새로운 데이터를 입력하거나 예측 성공·실패 결과를 입력에 추가하면서 실행을 반복하여 적절한 예측을 할 수 있게 되는 것입니다.

가령, 입력된 목적지를 향해 걸어가는 로봇이 있다고 칩시다. 처음에는 먹구름을 뚫고 벽에 부딪혀서 굴러다니다가 다시 실행을 거듭하면 벽에 부딪히는 횟수가 점점 줄어들어 나중에는 아무 데도 부딪히지 않고 목적지까지 도달할 수 있도록 개선됩니다.

AI 시스템은 13쪽에서 설명한 바와 같이 다양한 분야에서 활용될 것으로 기대되고 있습니다. 이는 목적에 맞는 데이터를 이용해 AI 모델을 학습시킴으로써 각 현장에 가장 적합한 결과를 얻을 수 있게 되었기 때문입니다.

■ AI 모델은 학습하면 예측 정확도가 올라간다

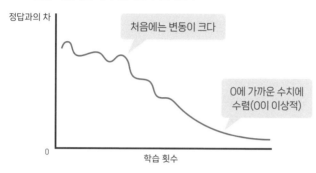

정답과의 차

처음에는 변동이 크다

0에 가까운 수치에
수렴(0이 이상적)

0

학습 횟수

✏️ **정리**

▷ AI 시스템이란 입력된 데이터를 AI 모델이 판단하고, 일정한 처리를 하는 시스템을 가리킨다

▷ AI 모델은 현상을 인간이 이해할 수 있도록 기록한 것이다

▷ AI 모델이 '지능'을 연상시키는 것은, 학습하여 스스로 성능을 개선할 수 있기 때문이다

28 AI 시스템 개발의 흐름

개발 현장에서는 어떤 AI 시스템을 만들지에 대한 정책 수립부터 실제로 AI 모델을 통해 문제 해결이 가능한지 검토하고, 만든 후 운영까지 다양한 사항을 결정하면서 진행됩니다.

○ AI 시스템을 만드는 흐름

AI 시스템을 개발하는 과정은 2장에서 설명했듯이 '어세스먼트', 'PoC', '설계 · 개발', '운영 · 유지보수' 등 네 가지로 나눌 수 있습니다.

PM과 기획자는 모든 공정에 관여하며 프로젝트 진행을 관리하고 고객과의 소통 창구 역할을 합니다. 각 공정마다 핵심적인 역할이 다르기에 여기에서는 누가 무엇을 하는지 개별적으로 설명하겠습니다.

■ AI 시스템의 개발 과정과 관여하는 사람들

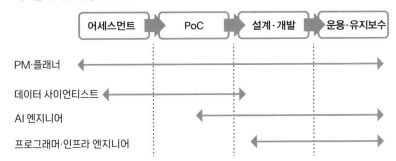

①어세스먼트

AI 시스템으로 무엇을 해결할지 결정합니다. PM과 영업 담당자를 중심으로 고객과 회의를 통해 어떤 데이터를 수집하고 무엇을 실현할지에 대해 합의합니다. 프로젝트 초기에는 PM과 고객사 사이에서 조율해 나갑니다. 그러다 구체적인 데이터를 이야기하는 단계에 이르면 데이터 사이언티스트도 참여하게 됩니다.

이 과정에서 프로젝트 매니저는 납기, 개발 과정에 필요한 인원 등을 결정합니다. 또한 데이터 사이언티스트는 PoC를 위한 데이터 수집 방법 등을 검토합니다.

② PoC

실제로 간단한 AI 모델을 만들어 평가 단계에서 세운 목표대로 작동하는지 확인하는 공정입니다. 이 단계에서 목적에 맞는 AI 모델을 만드는 것이 기술적으로 어렵거나, 비용이 예상보다 많이 소요되는 등 다양한 문제가 발견되는 바람에, 목적을 달성할 수 없는 것으로 판명되어 프로젝트가 중단되거나 대폭적인 수정이 필요할 수도 있습니다.

PoC는 데이터 사이언티스트가 중심이 되어 작업을 진행합니다. PoC 단계에서 '데이터가 부족하다'고 판단되면 데이터 축적과 수집 방법을 개선합니다. 고객의 협조가 필요하다면, 데이터 사이언티스트가 고객과 직접 소통하기도 합니다. 필요에 따라 데이터를 다시 수집하는 것이 PoC의 품질과 개발 속도를 개선하는 데 도움이 되기도 합니다.

또한 PoC 공정에서 AI 모델을 만드는 일은 대부분 데이터 사이언티스트가 담당하지만, AI 엔지니어가 데이터 사이언티스트를 겸하기도 합니다. 데이터 사이언티스트와 AI 엔지니어가 분업화되어 있다면, 설계 및 개발 단계로 넘어갈 수 있는 단계가 될 때 AI 모델에 대한 AI 엔지니어의 인수인계가 시작됩니다.

③ 설계 및 개발

PoC의 목적이 달성되면, 데이터를 적절한 형태로 입력하기 위한 유저 인터페이스와 예측, 분석 등의 결과를 고객이 확인할 수 있는 리포트 화면 등 시스템 전체를 설계하고 개발합니다.

AI 엔지니어가 시스템 전체를 설계하고, 개발은 각 부서의 프로그래머 및 고객사 엔지니어와 협업합니다. 소규모 시스템이라면 AI 엔지니어가 직접 개발하기도 하지만, 데이터 입출력, 로그 작성, 다른 웹 서비스와의 연동, 시스템 구동 환경 구축 등 다양한 작업이 필요하기에 실제 작업은 각 부서의 담당자에게 의뢰하는 것이 일반적입니다. 모델은 만들어진 그대로 시스템에 적용할 수 없는 일이 많기에 AI 엔지니어가 시스템에 맞게 조정합니다.

AI 시스템을 테스트할 때는 PoC와 동등한 수준의 정확도가 나오는지 확인해야 하므로 데이터 사이언티스트의 협조를 구하기도 합니다.

④ 운영 및 유지보수

AI 시스템 전체 개발이 끝나면 실제로 운영합니다. 운영 자체는 AI 모델을 사용하지 않는 IT 시스템과 거의 동일하지만, AI 시스템에서는 일반 IT 시스템에 비해 데이터양과 계산량이 많기에 부하에 대응해야 합니다.

또한, 환경 변화에 따라 수집되는 데이터의 성격이 변하여 AI 모델의 조정 조건에서 벗어나 정확도가 떨어지면 AI 모델의 조정이나 재학습이 필요합니다. 이때 고객사의 운영 환경이 어떻게 변화했는지 파악해야 하는 경우가 많아 고객사와 긴밀한 관계를 유지해야 합니다.

운영 개시 후 일정 기간은 AI 시스템을 개발한 멤버가 운영 및 유지보수를 담당합니다. 하지만 일정 기간이 지나면 운영 및 유지보수 전문 팀에 맡기는 것이 일반적입니다.

● AI 모델을 만들 것인가, AI 모델을 이용할 것인가

지금까지 살펴본 바와 같이 '어세스먼트, PoC'와 '설계·개발, 운영·유지보수' 과정은 관여하는 부서가 다릅니다. '어세스먼트, PoC' 단계에서는 **AI 모델을 어떻게 만들 것인가**, '설계·개발, 운영·유지보수' 단계에서는 **AI 모델을 어떻게 이용할 것인가**에 주안점을 두고 있습니다.

하지만 '어세스먼트에서는 AI 모델을 만들면 끝'이 아니고, '운영에서는 AI 모델 개발 과정을 알 필요가 없다'는 말은 맞지 않습니다. 운용을 위해 대량 데이터를 처리할 수 있도록 AI 엔지니어가 AI 모델을 조정하는 경우도 있습니다. 또한 개발된 AI 시스템의 정확도가 PoC 단계와 동등한 수준인지 데이터 사이언티스트도 확인해야 합니다.

또한 AI 프로젝트팀은 다른 IT 프로젝트팀에 비해 소수의 인원으로 구성되는 일이 많습니다. 프로젝트에 따라 통계, 수학, 영상처리, 음성처리 등 필요한 기술도 다릅니다. 따라서 각 담당자가 어느 한 분야에 주축을 두고 서로 부족한 부분을 보완하거나 같은 관심사를 공유하면서 프로젝트를 진행하게 됩니다.

■ 다양한 분야의 인재가 AI 프로젝트에 관여한다

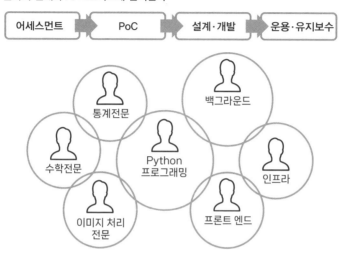

정리

▶ PM은 모든 공정에 관여한다

▶ PoC 단계에서는 데이터 사이언티스트를 중심으로 AI 모델을 생성한다

▶ 설계 · 개발 공정에서는 AI 엔지니어를 중심으로 AI 시스템을 만든다

▶ 운영 · 유지보수는 전문 팀에 맡기는 것이 일반적이다

29 AI 시스템에 무슨 일을 시킬지를 결정한다

28 단원에서 소개한 전체 흐름의 각 과정을 좀 더 자세히 설명하겠습니다. 첫 번째 평가 과정에서는 AI 시스템에 '무슨 일을 시킬지'를 결정합니다. 실제 운영을 가정하여 AI 시스템이 해야 할 일과 형태를 결정합니다.

○ AI 시스템에 무슨 일을 시키고자 하는가

AI 시스템 개발 의뢰가 들어왔을 때 가장 먼저 실시하는 '어세스먼트'에서는 고객의 요구 사항을 듣고 실행 계획을 수립합니다. 고객이 기대하는 'AI 시스템에 바라는 것'의 예는 다음과 같습니다. 이러한 예시를 보면 '그 AI 시스템에 대해 사람이 무엇을 할 것인가'도 AI 시스템을 개발하는 데 필수적인 요소임을 알 수 있습니다.

● 현 상황 분석

가령, 단순히 판매 실적이나 계약 실적 건수만 집계하는 것이 아니라, 실패 사례와 성공 사례를 포함해 모든 요소를 가로, 세로, 대각선으로 분석하여 무엇이, 왜 좋았는지, 왜 나빴는지를 분석합니다. 어디까지나 중립적인 결과 보고서이며, 보고서를 어떻게 활용할 것인지는 인간이 판단합니다.

● 미래 예측

현 상황 분석에서 한 걸음 더 나아가 시계열로 예측하고, 다른 가정에 기반한 결과를 예측합니다. 인간은 그것을 받아들일지 말지를 판단합니다.

● 인간의 일을 대체

인간이 경험이나 직감으로 하던 일을 AI 시스템으로 대체하며, 분석과 예측 기능도 포함합니다. '경험'과 '직감'을 수치화하는 작업이 중요합니다. 또한 사람의 감각과 행동을 대체할 하드웨어의 선택에도 관여합니다.

● 인간의 일을 도움

인간의 일을 완전히 대체하는 것이 아니라, 인간의 일을 효율화하거나 작업의 안전을 지키는 역할을 합니다. 대화나 알림 등 사람의 감정과 편의성을 고려하면서 진행합니다. 사람이 예측할 수 없는 말과 행동을 할 때 대처할 수도 있어야 합니다.

■ AI 시스템과 인간의 관계

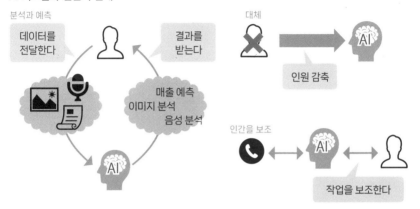

○ 어떤 데이터를 넣어 어떤 결과를 출력할 것인가?

AI 시스템에서 가장 중요한 것은 두뇌인 AI 모델입니다. AI 시스템으로 무엇을 할지 검토를 끝냈다면, 이를 실현하기 위해 '무엇을 데이터로 입력하고 무엇을 출력할 것인가'를 검토하게 됩니다. 어떤 데이터를 입력하고 출력할지에 따라 어떤 AI 모델을 만들지, 기존 라이브러리나 API를 활용할지 등이 크게 달라집니다.

○ 입력하는 데이터

AI 모델에 입력하는 데이터는 벡터나 행렬의 형태를 띱니다.
2장에서는 '맑음, 흐림, 비'와 같은 데이터를 수치화하거나 '70명'을 '70명 이상 100명 미만인지 아닌지'라는 2치 변수로 표현하는 방법을 소개했습니다.
이외에도 이미지라면 픽셀 하나하나를 그레이 스케일이나 RGB 16진수로 표현할수 있고, '인접한 픽셀끼리 색이 같은지 다른지'로 윤곽을 나타낼 수도 있습니다.

■ 이미지를 수치화한다

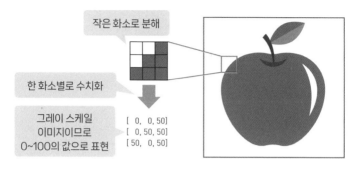

작은 화소로 분해

한 화소별로 수치화

그레이 스케일
이미지이므로
0~100의 값으로 표현

[0, 0, 50]
[0, 50, 50]
[50, 0, 50]

○ 출력할 결과 데이터

어떤 형태로 결과를 출력할 것인가는 '분석을 하고 싶다', '예측을 하고 싶다' 등 목적에 따라 달라집니다. 고전적인 세 가지 모델을 예를 들어 설명하겠습니다.

● 분류

아래 그림처럼 입력된 데이터를 동그라미(●)와 삼각형(▲)으로 분류하겠습니다. 실측값이란 실제 값, 라벨이란 실측값이 어떤 상태인지를 나타내는 정보입니다.

■ 분류의 예

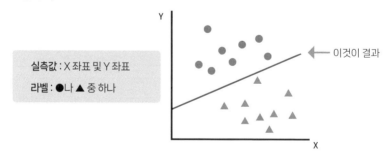

실측값 : X 좌표 및 Y 좌표
라벨 : ●나 ▲ 중 하나

← 이것이 결과

이 예에서는, 목적, 모델, 결과를 아래와 같이 정의합니다.

목적	동그라미와 삼각형으로 나누는 경계(결정 경계)를 정한다
모델	경계를 y=Ax+B로 삼아, A와 B를 구한다
결과	모델을 정하는 A와 B 각각의 값

실측값과 라벨을 그림에 플롯(쓰기)하여 실측값의 원과 삼각형이 가장 근접한 곳, 둘의 중간점, 기울기 등으로 경계선을 구합니다. 경계선을 알았다면 이 그림에 플롯하여 그 점이 결정 경계보다 높으면 원, 낮으면 삼각형으로 판단할 수 있습니다.

● 미래 예측

다음으로 미래 예측의 한 가지 예를 들어보겠습니다. 각 데이터의 실측값과 라벨은 다음과 같습니다.

■ 예측의 예

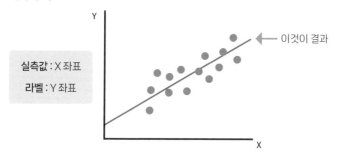

이 예에서는, 목적, 모델, 결과를 아래와 같이 정의합니다.

목적	X좌표에 대한 Y좌표를 구한다
모델	X와 Y의 관계를 y=Ax+B로 삼아, A와 B를 구한다
결과	모델을 정하는 A와 B 각각의 값

실측값과 라벨을 그림에 플롯(쓰기)하여 플롯한 점의 위치에서 데이터의 경향을 확인합니다. 각 점에서의 거리가 가능한 한 작아지도록, 경향을 나타내는 직선을 그립니다. 미래에 예측하고자 하는 데이터를 경향을 나타내는 직선에 플롯하면 Y 좌표가 몇 개인지 구할 수 있습니다.

● 클러스터링

클러스터링은 비슷한 것끼리 묶는 작업입니다. 클러스터링에는 라벨이 없습니다.

■ 클러스터링의 예

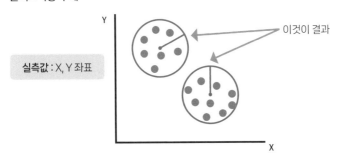

이 예에서는, 목적, 모델, 결과를 아래와 같이 정의합니다.

목적	데이터를 클러스터로 나눈다
모델	적절한 위치에 적절한 수만큼 클러스터의 중심점을 두고, 각 중심점에 대해 고유의 반원 내에 있는 점의 무리를 하나의 클러스터로 삼는다
결과	클러스터를 나타내는 원의 (X좌표, Y좌표, 반원) 이라는 조합을 요소로 배열

X좌표, Y좌표를 아는 점을 이 그림에 플롯합니다. 두 개의 클러스터를 만들 때, 플롯된 점의 위치에서 두 개로 나누기에 가장 적합한 위치에 무리의 중심점을 찍고, 그 중심점으로부터 일정 범위 내에 있는 점의 무리를 하나의 클러스터로 간주합니다.

● 대상을 수치로 나타내는 특징량

이처럼 AI 시스템 프로세스는 수학적 처리이기 때문에 데이터의 특성을 **특징량**이라는 양으로 표현합니다. 양이란 '큼/작음을 다른 것과 비교할 수 있다', '참(1)/거짓(0)을 판단할 수 있다'는 뜻입니다.

예를 들어 사람의 감정은 수치로 가늠할 수 없습니다. 하지만 '눈썹의 각도', '입의 각도', '눈의 크기' 등은 수치화할 수 있습니다. 이것이 특징량입니다. 사람의 감정을 계량하는 일은 어렵지만, 이것도 파악할 수 있는 데이터를 수치화해 벡터나 행렬로 정리하면 AI 모델에서 처리할 수 있는 것입니다.

■ 인간의 감정도 수치화할 수 있다

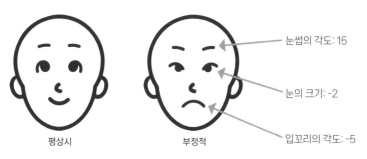

평상시　　　　　　부정적

눈썹의 각도: 15

눈의 크기: -2

입꼬리의 각도: -5

정리

▸ AI 시스템으로 실현하고자 하는 것의 대표적인 예는 현 상황 분석, 미래 분석, 인간의 일 내체, 인건의 일 보조 등이다

▸ 어떤 데이터를 입력하고 어떤 결과를 출력할지에 따라 사용하는 AI 모델의 종류도 달라진다

▸ AI 시스템의 프로세스는 수학적 처리이므로, 데이터의 특성을 특징량으로서 나타낼 수 있다

30　AI 모델의 학습

AI 모델에는 모델을 구성하는 수식뿐만 아니라, 그 수식을 데이터에 맞추는 '학습 방법'도 수반됩니다. 여기서는 대표적인 학습 방법인 '지도 학습'과 '비지도 학습'의 원리를 설명하겠습니다.

● AI 모델의 학습이란

2장에서도 언급했듯이, AI 모델은 어떤 사건에 대한 알고리즘을 수식으로 표현하고, 주어진 데이터를 통해 분석이나 예측 등의 결과를 출력합니다. 마치 지능을 가지고 해당 알고리즘이나 수식을 자발적으로 만들어 내는 듯 보이는 구조가 바로 머신러닝입니다. 머신러닝에는 여러 가지 학습 방법이 있기에 어떤 방법으로 학습시킬 것인지는 인간이 결정합니다.

● 지도 학습의 원리

AI 모델의 대표적인 학습 방법 중 하나는 **'지도 학습'**이라는 것이 있습니다. 이는 원하는 성질을 이미 알고 있는 데이터를 이용해 학습시키는 방법입니다. '성질의 정답을 알고 있다'는 의미에서 '지도'한다고 표현하며, '알고 있는 성질'을 '라벨'로서 데이터에 부여합니다.

라벨은 어떤 값에 대한 정답을 말합니다. 가장 기본적인 형태는 이미 중학교 수학에서 배웠습니다. 점(2,1)과 점(6,3)을 지나는 직선에서 x좌표가 10일 때, y좌표는 어떻게 될까요? 답은 '5'입니다. x=2일 때 y=1이고, x=6일 때 y=3이면 y=x÷2라는 수식(모델)이 성립하기 때문입니다. x가 데이터, y가 라벨이라고 생각하면 '데이터 2에 라벨 1이 붙었다', '데이터 6에 라벨 3이 붙었다'는 뜻입니다.

■ 중학교 때 배운 '지도 학습'의 기본

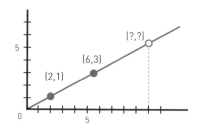

앞서 언급한 수학 문제에서는 점(2,1)과 점(6,3)의 관계를 '직선으로 늘어선 수식'으로 표현하고 있습니다. 그래서 바로 '라벨 미지의 데이터 10'에 대해 '5'라는 예측을 할 수 있는 것입니다. 하지만 모델은 직선이 아닐 수도 있습니다. 점 (2,1)과 점 (6,3)을 통과하지만 직선이 아닌 경우, 적절한 모델을 선택하기 위해서는 더 많은 라벨이 붙은 데이터가 필요합니다.

예를 들어 다른 데이터로 (4,2)라는 데이터가 있으면 직선이지만, (0,2)라는 데이터가 있으면 고차 다항식일 가능성, (5,5, 2)라는 데이터가 있으면 대수가 얽혀있을 가능성……이렇게 생각하면서 모델을 선택하는 것입니다.

■ 데이터를 통해 적합한 모델을 선택한다

직선 　　　　　 다항식 곡선 　　　　　 대수곡선

○ 4차원 이상의 데이터는 볼 수 없다

수학에서 데이터를 눈으로 볼 수 없는 상태는 4차원 이상(어떤 상태를 4가지 이상의 정보로 표현하는 상태)으로, 3차원은 가로, 세로, 깊이로 표현할 수 있습니다. 이때 만약 강아지의 종류를 판단하기 위한 데이터로 '얼굴의 길이, 몸통의 길이, 꼬리의 길이,

몸무게'를 사용한다면 4차원 데이터가 되어 그래프로는 표현할 수 없고, 보이지 않는 강아지, 즉 시각적으로 평가할 수 없는 상태가 됩니다. 이럴 때 일정한 방향의 기울기(경사)의 변화를 구하여 분포곡선의 형태를 결정하도록 학습합니다.

■ **4차원 이상의 데이터는 볼 수 없다**

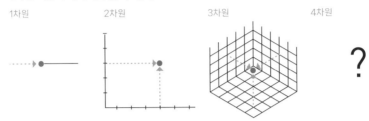

학습은 단순히 새로운 데이터를 불러오는 것만 가리키지 않습니다. 예를 들어, 아래와 같은 산점도를 살펴보겠습니다. 그림에 수평 직선을 그렸을 때, 중앙 부근에는 근사치가 많고, 좌우 영역에는 위쪽에 많은 플롯이 있습니다. 이러한 결과는 2차 곡선일 가능성이 있습니다.

그러나 2차 곡선으로 만들면 직선보다 근사치가 늘어나지만 왼쪽 영역에 있는 플롯이 곡선에서 멀어지게 됩니다. 선과 플롯이 멀어지지 않도록 곡선을 더 복잡하게(고차 곡선) 만들어야 합니다.

■ **각 점과의 상관관계를 보면서 근사 곡선을 복잡하게 만들어 간다**

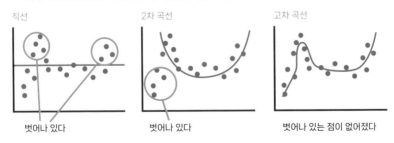

특정 목적을 수반하는 경우, 그 목적이 달성되는지 여부를 확인하면서 학습합니다. 가령 생체인증에서 '등록된 사람의 인증은 몇 번 실패해도 되지만, 미등록자는 절대 인증해서는 안 되는 경우'도 있고, 스팸 판단에서 '스팸이 몇 건 들어와도 되지만, 고

객으로부터 온 메일은 절대 지워서는 안 되는 경우'도 있습니다. 이러한 조건을 수학적 해석으로 좁혀보면, 가령 '특정 라벨의 점들이 모두 어떤 곡선 아래에 와야 한다'는 모델이 됩니다.

이 경우 곡선 위에 점들이 나왔을 때의 오차는 작게, 아래에 점들이 나왔을 때의 오차는 크게 환산하여 목적에 어긋나지 않도록 보정합니다. 이를 '가중치 부여'라고 합니다.

■ 가중치를 부여해야 하는 경우

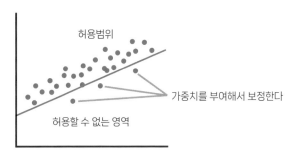

⦿ 비지도 학습의 원리

비지도 학습이란 대량의 데이터에서 특징이나 법칙을 찾기 위한 머신러닝 기법 중 하나입니다. 학습에 사용하는 데이터에 라벨이 없기에(정답이 없는) '비지도 학습'이라고 합니다.

가장 잘 알려진 것은 분포된 데이터를 그룹화하는 클러스터링입니다. 이 기법에서는 데이터의 특징에서 어느 지점을 중심점으로 삼아 클러스터(집합)를 나눌지 결정합니다. '클러스터의 범위를 결정하는 중심점을 움직여도 그룹화가 크게 변하지 않는 상태'가 되면 학습이 끝납니다. 클러스터의 수는 미리 지정하기도 하지만, 클러스터링 기법에 따라 자동으로 클러스터 수가 결정되는 경우도 있습니다.

■ 지도가 필요 없는 클러스터링

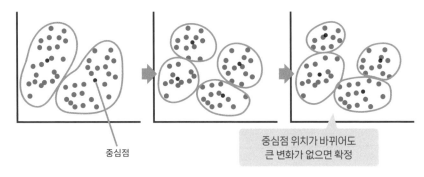

중심점

중심점 위치가 바뀌어도
큰 변화가 없으면 확정

정리

- 🔹 AI 모델을 만드는 방법 중 하나가 머신러닝이라는 기술이다
- 🔹 머신러닝의 대표적 방법으로 '지도 학습'과 '비지도 학습'이 있다
- 🔹 AI 모델의 수식은 시각으로 볼 수 없는 4차원 이상의 문제가 되는 경우가 많으므로 경험과 아이디어로 정답을 찾는다
- 🔹 비지도 학습에서는 클러스터링이 자주 쓰인다

31 AI 모델의 검증과 평가

AI 모델을 개발했다면 성능을 검증하고 평가합니다. 예측과 분석 결과의 정확도가 어느 정도 인지 판단하는 공정입니다. 이것을 통해 실제 업무에서 사용할 수 있는지 여부를 명확히 할 수 있습니다.

● 데이터 일부를 이용하여 실시하는 검증과 테스트

AI 모델 제작을 위해 수집한 데이터를 모두 학습에 사용하는 것은 아닙니다. 학습한 데이터 이외의 데이터를 넣었을 때 어느 정도의 정확도가 나오는지 검증하고 평가하기 위해 데이터의 일부를 학습에 사용하지 않고 남겨둡니다. 만약 학습한 데이터로 검증을 하게 되면 과학습(176쪽 참조)될 우려가 있습니다.

AI 모델을 검증하는 방법에 따라 데이터를 나누는 방법도 달라지는데, 홀드 아웃법 (P.169 참고)이라는 검증 방법에서는 학습 데이터를 전체 데이터의 60~70%, 검증 데이터와 테스트 데이터의 양을 각각 전체의 15~20% 정도씩 나눕니다. 검증 데이터는 학습한 AI 모델의 파라미터 조정에 사용하고, 테스트 데이터는 검증 후 최종 평가에 사용합니다.

■ 학습 데이터, 검증 데이터, 테스트 데이터를 사용하는 흐름

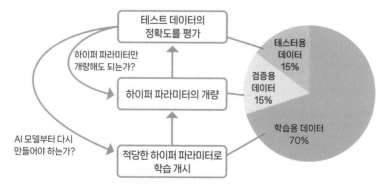

○ AI 모델의 성능 평가 기준

AI 모델의 평가는 예측 및 분석 결과의 정확도가 높은지 여부에 따라 결정됩니다. 정확도에는 크게 '예측에 포함해야 할 것을 포함하는지(정답률 또는 정확도)', '예측에 포함하지 말아야 할 것을 포함하지 않는지(적합도)', '비슷한 데이터에 대해 비슷한 예측을 하는지(재현율)' 등 세 가지 관점의 평가 지표가 있으며, 분석 목적에 따라 무엇을 중시할지를 검토합니다. 특히 적합도와 재현율은 둘 다 최대화하기 어렵기에 트레이드 오프로 간주됩니다.

■ 성능 평가의 지표

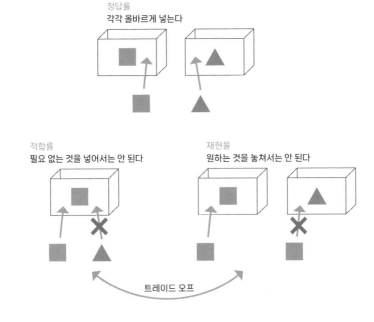

○ 하이퍼 파라미터를 이용한 AI 모델의 개선

AI 모델의 일부 파라미터를 변경하면 평가가 개선되기도 합니다. 이러한 파라미터는 학습을 통해 개선되는 것이 아닌 '초기 설정' 같은 것으로, **하이퍼 파라미터**라고 합니다.

하이퍼 파라미터는 AI 모델의 수식에 포함되는 것 외에도 임계치(상태를 판단하기 위한 경계값), 분류나 그룹화하는 횟수 등에 사용됩니다. 또한 114쪽에서 설명한 '직선으로 할 것인가, 2차 곡선으로 할 것인가, 고차 곡선으로 할 것인가'에도 하이퍼 파라미터의 설정이 관여합니다.

하이퍼 파라미터를 조정할 때는 검증 데이터를 사용합니다. 검증 데이터의 예측과 분석 결과를 평가하면서 하이퍼 파라미터를 조정해 나갑니다. 하이퍼 파라미터를 최적화한 후, 테스트 데이터를 통해 최종 성능을 평가합니다.

하이퍼 파라미터를 조정해도 정확도가 높아지지 않는다면, 데이터를 다시 수집하거나 AI 모델의 알고리즘 자체를 재검토해야 합니다. 이를 방지하기 위해 PoC 단계는 세분화하여 진행해야 합니다.

정리

▶ AI 모델 작성에 사용하는 데이터는 학습 데이터, 검증 데이터, 테스트 데이터로 나뉜다

▶ 하이퍼 파라미터를 조정하기 위해 검증 데이터를 이용한다

▶ 테스트 데이터는 하이퍼 파라미터를 조정한 후, 최종적인 성능 평가를 위해 이용한다

32 | 데이터 취급 방법을 고려하다

AI 프로젝트의 성패는 데이터를 어떻게 다루느냐가 크게 좌우합니다. AI 모델 제작에 필요한 데이터 수집과 가공에 대한 노하우나 표준이 아직 없기 때문입니다. 여기에서는 데이터를 수집할 때 주의해야 할 점을 소개하겠습니다.

◉ 어떤 데이터를 사용할까

AI 모델을 만들기 위해서는 무엇보다도 데이터가 필요합니다. 어떤 데이터를 사용할지는 사안에 따라 다릅니다. 이미 존재하는 데이터를 사용할 수도 있고, 새롭게 데이터를 수집하는 것부터 시작해야 할 수도 있습니다.

●기존 시스템으로 수집한 데이터를 이용

정보 서비스나 인터넷 쇼핑몰을 운영하는 기업들은 대량의 데이터를 보유하고 있습니다. 이것을 바탕으로 한 MapReduce나 NoSQL 등의 빅데이터 분석 기술에서 한 발 더 나아가 AI 프로젝트를 시작하는 경우가 많습니다. 더욱 유연하고 간편한 정보 검색 방법, 검색 결과의 정확도 향상, 추천 기능 등이 AI 모델을 통해 실현되고 있습니다

●목적에 맞는 데이터 수집

기존 시스템이 있어도 목적에 맞는 데이터가 수집되지 않거나, 기존에 사람이 하던 작업을 AI 시스템으로 전환하고 싶을 때 목적에 맞는 데이터를 수집합니다. 새롭게 데이터를 수집할 때는 고객이나 프로젝트 멤버와 논의하여 필요한 데이터가 무엇인지 명확히 해야 합니다.

업종이나 목적에 따라서는 자사 고유의 데이터를 축적하지 않고도 인터넷 쇼핑몰, 리뷰 등 유사한 분야의 데이터를 데이터 업체로부터 구매하거나 연구개발용으로 공개된 데이터를 활용해 기본적인 AI 모델을 만들 수도 있습니다. 인터넷상에서 자동

으로 정보를 수집하는 유료 또는 무료 웹 크롤러를 사용하는 방법도 있습니다. 하지만 웹에는 허위 정보나 악의적인 정보도 많으므로 데이터를 선별하는 데 많은 시간과 노력이 필요할 수 있습니다. 또한 데이터 수집 시 저작권법이나 개인정보보호법에 저촉되지 않도록 주의해야 합니다.

■ 어떤 방법을 취하느냐에 따라 필요한 데이터량이 달라진다

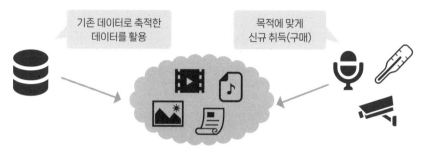

기존 데이터로 축적한
데이터를 활용

목적에 맞게
신규 취득(구매)

AI 모델 학습에 사용하는 데이터

○ 학습용 데이터 수집

AI 모델의 학습에는 학습 데이터의 품질이 큰 영향을 미칩니다. 학습용 데이터 수는 많으면 많을수록 좋지만, 동시에 품질도 중요합니다.
예를 들어, 이미지 인식으로 표정을 판별하기 위해 수집한 이미지가 옆을 바라보고 있거나 얼굴의 절반 이상이 가려져 있는 이미지만으로는 학습이 제대로 이루어지지 않습니다.

■ 얼굴 인식에 적합하지 않은 사진

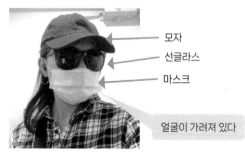

모자
선글라스
마스크

얼굴이 가려져 있다

121

예를 들어 133쪽에서 설명하는 데이터 처리를 위해 카메라나 센서로 데이터를 수집하는 경우, 기기의 위치나 방향 등 환경이 변하지 않았는지 확인해야 합니다. 이처럼 프로젝트의 목적과 성격을 고려하여 수집 방법을 결정해야 하며, PoC 단계에서 테스트를 진행하면서 학습 데이터 수집 방법을 변경하는 일도 많습니다.

■ 데이터 수집 시 환경 변화

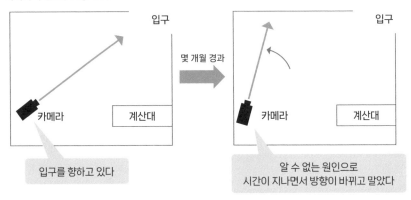

지도학습 데이터를 만들기 위한 어노테이션

지도학습에서 이용하는 데이터에 정답치를 부여하는 것을 **어노테이션** 혹은 **라벨링**이라고 합니다. 어노테이션 작업에서는 '이것만이 정답'이라는 라벨뿐 아니라 이미지나 글에서 가능성이 있는 여러 '태그'를 달기도 합니다.

● 라벨이 있는 데이터

데이터 라벨을 수집할 때 달려 있는 경우도 있습니다. 가령 '어떤 상품의 월별 판매량'을 알아보고 싶다면 '2023년 4월'이라는 태그에 대해 '500개'라는 라벨이 달려 있습니다. 또 '물고기의 몸 길이를 통해 나이를 예측하기 위한 데이터'를, 양식장 등에서 나고 자란 개체를 대상으로 측정하면 나이라는 라벨이 달려 있습니다. 이렇듯 이미 라벨이 달린 데이터를 확보할 수 있다면, 어노테이션 작업이 필요 없을 수도 있습니다.

● 인간에게 의존하는 어노테이션

이미지 인식, 번역, 문서 내용 분류 등이라면 어노테이션 작업을 할 때 판단이 필요합니다. 어노테이션 자체를 머신러닝으로 하는 방법도 발전하고 있지만, 정확한 어노테이션이 필요한 데이터는 여전히 인간의 힘에 의존하는 것이 현실입니다. 일부 AI 프로젝트는 어노테이션만을 도맡아 하는 AI 프로젝트도 있습니다.

○ 정확한 데이터 입력을 담당하다

그렇다면 데이터 어노테이션 작업은 구체적으로 어떻게 진행할까요? AI 비즈니스가 발전한 현재, 데이터가 나열된 표에 숫자나 문자를 하나하나 입력하는 일은 거의 없습니다. 유상 또는 무상으로 제공되는 어노테이션 툴을 이용합니다.

어노테이션 작업 및 관리 도구 'Amazon SageMaker Ground Truth'

https://aws.amazon.com/jp/sagemaker/groundtruth/

■ Amazon SageMaker Ground Truth의 콘솔 화면

데이터에 라벨을 단다. 조작하기 쉬운 인터페이스가 마련되어 있다

이미지 인식의 경우, 직사각형 영역(바운딩 박스)을 마우스로 움직여 인식할 대상을 추출한 후, 목록에서 라벨이나 태그를 선택할 수 있는 툴을 씁니다. 자연어 처리라면 품사별로 색상이 다른 리본이 준비되어 있습니다. 가령 명사는 빨간색, 동사는

파란색, 이렇게 마우스 클릭으로 색상을 구분하는 도구 등을 씁니다.

제삼자에게 어노테이션을 의뢰할 때는 전적으로 맡기지 말고 어노테이션 툴 관리자 콘솔 등에서 집계된 데이터를 확인하여 편향이나 편차가 없는지, 극단적으로 다른 데이터는 없는지 확인합니다.

○ 인간이나 환경에 좌우되지 않는 데이터를 만들자

데이터는 가능한 한 정확해야 합니다. 그것이 가장 중요하기 때문에 다양한 오차를 제거해야 합니다.

● 개인에 따른 영향

인간이 어노테이션 작업을 할 때는 '인간에 의한 오차', '작업자의 실수' 등이 발생합니다. 착각이나 피로도 당연히 발생합니다. 이미지나 글의 내용이 좋든 나쁘든 그것을 다루는 사람의 관심을 끄는 것이라면 그 내용에 집중한 나머지 기계적이고 중립적인 어노테이션 작업이 방해받을 수도 있습니다. 작업을 지속하다 보면 자신의 판단 기준이 조금씩 달라질 수도 있습니다.

그래서 관리자가 어노테이션 결과를 종합적으로 분석하여 '편차가 큰 데이터', '상호 의존성이 있는 데이터(어떤 데이터를 A로 판단한 사람에 한해 다른 데이터를 B로 판단하는 경향이 있는 데이터)'를 제거하여 학습 데이터를 클린업합니다.

● 환경에 따른 영향

카메라나 센서 등으로 데이터를 자동으로 측정하는 경우, 센서는 사람이 없는 곳이나 쉽게 만질 수 없는 곳에 놓이게 됩니다. 따라서 사람이 모르는 사이에 카메라나 센서의 상태에 변동이 생길 수 있습니다. 지진이나 알 수 없는 충격으로 위치가 미묘하게 바뀌거나, 정전이나 플러그 뽑힘, 배터리 방전 등으로 리셋되는 등의 문제는 실제로 자주 발생합니다. 대체로 데이터 수집 시스템이 극단적인 이상값이나 연속적인(바람직하지 않은) 값의 변화 등을 감지하면 관리자에게 경고를 보내는 서비스가 있습니다.

PoC에 사용되는 데이터는 가능한 한 현장에서 가져와야 합니다. 실험실에서는 정확하게 감지된 음성 데이터가 현장에서는 기계나 환풍기 소리에 묻히거나, 온도를 균일하게 가정하고 AI 모델을 만들었으나 현장에서는 장소에 따라 온도 차이가 발생할 수도 있습니다. 반면, 미세한 변화에도 대응할 수 있도록 AI 모델을 만들었는데, 현장에서는 그 차이가 무시할 수 있는 수준일 수도 있습니다.

● 노이즈인가 정보인가

'수집한 데이터의 변동이 오랫동안 노이즈로 치부되었는데 분석해보니 중요한 물리 현상으로 밝혀진' 사례는 학계에서는 흔히 볼 수 있는 일입니다.

만약 AI 프로젝트의 목적이 'AI를 통해 기존에 없던 것을 발견하는 것'이라면, 노이즈라고 생각되는 데이터도 학습 데이터에 포함시켜야 합니다. 하지만 '인간의 일을 대체한다'와 같은 명확한 목적이 있다면, 그 노이즈성 데이터가 목적에 부합하는지 잘 따져보고 취사선택해야 합니다.

노이즈 데이터라고 해서 무조건 폐기해서는 안 됩니다. AI 모델이 현실과 맞지 않거나 특정 경우에만 맞지 않는 문제가 발생하여 다시 적용할 때 쓸 수도 있기 때문입니다.

정리

- ▸ AI 프로젝트의 성패는 데이터를 다루는 방식에 크게 좌우된다
- ▸ 목적에 맞게 데이터를 수집해야 한다
- ▸ 판매되는 데이터나 공개 데이터를 이용하여 기본적인 AI 모델 생성도 가능하다
- ▸ 학습 데이터를 준비하려면 데이터 라벨링(어노테이션)이 필수이다

33 | 시스템의 규모를 검토하다

AI 시스템은 다루는 데이터의 양이 많아지기 쉽습니다. 학습에는 많은 연산 처리가 필요하기에 데이터 처리에 사용되는 빠른 CPU와 GPU, 데이터를 저장할 수 있는 대용량의 스토리지가 필요합니다.

◉ 학습에 필요한 계산 능력

AI 모델의 학습은 학습 데이터를 통해 어떤 데이터가 주어졌을 때 적절한 결과를 출력하도록 조정하는 과정입니다. 이 조정은 AI 모델이 복잡할수록, 그리고 학습할 데이터의 양이 많을수록 시간이 오래 걸립니다.

■ PoC를 효율적으로 돌리려면 학습 시간 단축이 필수다

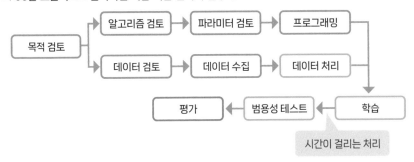

● 처리 능력이 좋으면 그만큼 PoC를 돌릴 수 있다

AI 시스템 개발에서 가장 많은 시간이 소요되는 것은 PoC입니다. PoC는 실제로 데이터를 수집하고 AI 모델을 학습시켜 얼마나 정확도가 높은지 확인하는 과정입니다. 데이터 수집과 학습에 시간이 걸리면 PoC에 필요한 시간이 길어집니다. 데이터 수집은 그렇다 치더라도, 학습은 컴퓨터의 처리 능력에 따라 소요 시간이 달라집니다. 빠른 컴퓨터를 쓰면 이전에는 일주일 걸리던 계산을 하루 만에 끝낼 수도 있습니다. 학습 속도가 빨라지면 조건을 바꿔가며 시도하는 횟수를 늘릴 수 있기에 단기간에 효율적으로 PoC를 돌릴 수 있게 됩니다.

●학습을 가속화하는 GPU

학습에서 하는 연산 처리는 컴퓨터의 두뇌라고 할 수 있는 CPU(중앙처리장치)보다
컴퓨터 안에서 CPU를 보조하며 그래픽 처리를 전문적으로 담당하는 GPU가 더 잘
합니다. GPU는 3차원 좌표 계산 등 산술적인 처리에 쓰이는데, 이것이 학습 연산
처리에도 친화성이 좋습니다.

따라서 AI 모델의 학습에는 GPU가 탑재된 컴퓨터가 폭넓게 사용되고 있습니다. 특
히 딥러닝은 연산량이 방대하기에 GPU 탑재가 필수입니다.

■ GPU가 잘하는 처리

같은 계산을
화소 수만큼 반복한다

단순한 행렬 변환을 방대한
건수만큼 병렬하여 시행한다

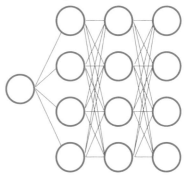

●클러스터 · 네트워크 구축으로 고속으로 처리하다

복잡한 대량 연산을 처리할 때는 클러스터 · 네트워크를 구축해 분산 처리하면 계산
시간을 단축할 수 있습니다. AI 시스템 개발을 주로 하는 기업에서는 클러스터화된
AI 모델 학습용 구성을 이미 보유하고 있어서, 직원들이 공유하여 이용할 수 있는
시스템을 갖춘 곳도 있습니다.

클러스터 · 네트워크는 MPI(Message Passing Interface)라는 병렬 컴퓨팅을 위한 통신
규격을 이용해 구현할 수 있습니다. 외부 컴퓨터에서 시스템에 접속할 때는 TCP
통신을 하고, MPI 통신을 이용해 계산 처리를 분산시킵니다.

5

AI 시스템의 개요

127

■ 클러스터 · 네트워크를 이용한다

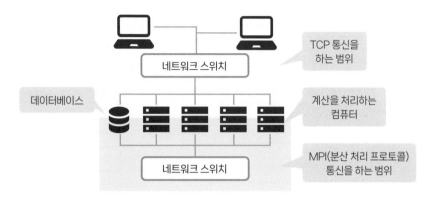

● 쓰고 싶을 때만 사용할 수 있는 클라우드

AI 모델을 학습시킬 때 클라우드를 활용하는 것은 매우 효과적입니다. 높은 처리 능력은 학습할 때만 필요하므로, 컴퓨터를 자체 보유하지 않고 필요할 때 필요한 만큼만 빌려 쓸 수 있는 클라우드라면 비용을 절감할 수 있기 때문입니다.

컴퓨터의 성능은 해마다 향상되고 있지만, 기업이나 프로젝트에서 컴퓨터를 구매해 소유하게 되면 오래 사용할 수 있습니다. 클라우드는 새로운 컴퓨터로 바로 교체해 사용할 수 있다는 점이 큰 장점입니다.

관리 측면에서도 클라우드는 장점이 있습니다. 처리 능력이 뛰어난 컴퓨터는 전력 소모가 크고, 발열도 무시할 수 없는 수준입니다. 일부 딥러닝 전용 컴퓨터는 전용으로 안정적인 전력을 공급받아야만 작동하는 경우도 있습니다. 온프레미스(자체 설비)로 운영한다면 이런 수고로움마저 모두 자체적으로 감당해야 합니다.

이런 이유로 AI에서는 클라우드를 사용하는 경우가 늘고 있습니다.

○ 처리하는 데이터의 양

정식 환경에서는 처리할 데이터의 양도 고려해야 합니다. 이는 네트워크 회선의 데이터 전송량(대역폭)과 데이터를 저장할 스토리지의 용량을 결정하는 기준이 됩니다.

● 스토리지

AI 시스템은 빅데이터라고 불리는 엄청난 양의 데이터로 학습을 진행하기도 합니다. 빅데이터를 다루다 보면 기존 스토리지로는 데이터 처리와 검색을 할 때 충분한 속도가 나오지 않을 때도 있습니다. 이럴 때는 관계형 데이터베이스가 아닌 키-값 스토어(키와 값의 조합으로만 데이터를 관리함)와 같은 경량화된 데이터베이스에 데이터를 저장하기도 합니다.

● 네트워크를 흐르는 통신량

AI 시스템이 중앙(웹 서버 등)에 있고, 각 단말(데이터 취득 장소)에서 전송되는 데이터를 처리하는 시스템을 구성할 경우, 각 단말에서 얼마나 많은 데이터가 얼마나 자주 전송되는지 고려해야 합니다.

가령 계산대 포스(POS)의 매출 데이터를 매번 전송한다면, 그 데이터가 얼마나 자주, 얼마나 많은 양이 전송될지 일일 방문자 수 등을 고려하여 계산합니다.

● 단말기에서 사전 처리하여 데이터 절감

음성이나 동영상 등은 데이터량이 많은 편입니다. 이러한 데이터를 그대로 전송하려면 큰 대역폭을 필요로 합니다. 따라서 사전에 데이터를 압축하거나 일부 단말에서 처리한 후 전송하는 등의 대책이 필요합니다. 또한, 매번 전송하는 것이 아니라 한꺼번에 묶어서 시간별, 일별로 전송하면 데이터 양을 줄일 수 있습니다.

데이터 양을 줄이기 위해 사용되는 기술이 카메라나 센서가 설치된 단말기(에지) 쪽에서 데이터를 처리하는 **'에지 컴퓨팅(Edge computing)'**입니다. 가령 비디오카메라로 촬영한 영상에서 이미지 인식을 통해 '몇 명이 방문했는지'를 계산하는 AI 시스템을 구성한다고 가정해 보겠습니다. 이때 비디오카메라의 영상을 그대로 중앙(서버)으로 보내서 중앙에서 처리하는 방식을 취한다면 비디오의 데이티 전송량이 늘어나게 됩니다. 그러나 카메라가 설치된 단말기 쪽의 마이컴(소형 컴퓨터) 등에서 영상을 인식하여 '몇 명' 까지만 처리하고 인원수만 중앙으로 보내는 방법도 있습니다. 이렇게 하면 대역폭을 줄일 수 있고, 동영상이 네트워크에 흐르지 않으니 개인 정보 보호 효과도 얻을 수 있습니다.

■ 에지에서 처리한 후 중앙으로 보낸다

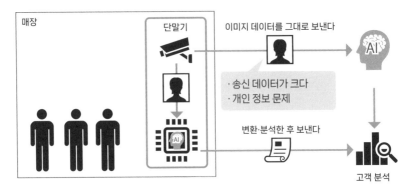

◯ 내장애성

비즈니스로 시스템을 운영하는 경우, 크고 작은 장애에 대한 **내장애성**이 필요합니다. 중요한 기간 시스템은 일부에 장애가 발생해도 계속 사용할 수 있도록 이중삼중으로 구성하는 것이 필수입니다.

● 다중 구성

내장애성을 키우기 위한 기본은 서버나 데이터베이스 등을 두 개 이상 준비하는 다중 구성입니다. 한쪽에 장애가 발생하여 처리할 수 없는 상태가 되더라도 다른 쪽으로 전환하여 계속 처리할 수 있게 해야 합니다. 장애가 발생했을 때 어떻게 전환할 것인지, 장애가 해소되었을 때 어떻게 복구할지 등을 고려하고 준비해야 할 사항은 매우 다양합니다. 특히 데이터베이스를 다중으로 구성할 경우, 여러 데이터베이스에 동일한 데이터를 보관해야 하므로 데이터 동기화를 어떻게 구현할지가 관건입니다.

● 부하(負荷) 분산

운영 시 높은 부하가 예상된다면, 그 부하를 여러 대에 분산시킬 수 있도록 구성해야 합니다. 예를 들어 구성이 동일한 서버를 여러 대 설치하고, 그 상류에 부하 분산

장치를 구성하여 서버의 부하에 따라 통신을 배분하도록 합니다.

부하 분산 구성도 다중 구성과 마찬가지로 구성이 복잡합니다. 어느 서버에 접속해도 동일하게 동작하도록 애플리케이션을 만들어야 합니다. 또한 이러한 애플리케이션을 만들려면 설계하는 시점에 부하 분산 구성을 고려해야 합니다.

■ 다중 · 부하 분산 구성의 예

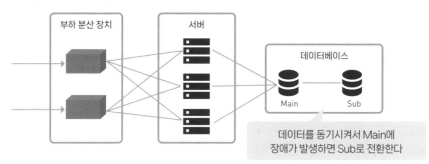

- ▶ 컴퓨터의 처리 능력이 AI 프로젝트의 진척 속도에 직접 영향을 끼친다
- ▶ GPU나 클라우드 네트워크로 학습의 고속화를 꾀할 수 있다
- ▶ 클라우드 서비스를 이용함으로써 컴퓨터의 관리 비용이 절감된다
- ▶ 단말기로 데이터를 처리하는 에지 컴퓨팅으로 데이터의 송신량을 줄일 수 있다
- ▶ 장애에 대비해 다중 구성 및 부하 분산 대응은 필수이다

34 AI 시스템 구축에 필요한 것

AI 시스템의 두뇌인 AI 모델은 수집한 데이터를 처리해 결과를 도출하는 역할만 합니다. AI 시스템 전체를 구축하려면 데이터를 받아들이는 기능이 반드시 있어야 합니다. 출력할 때도 그래프로 표시하거나 다른 시스템과 연동하는 기능이 필요합니다.

○ AI 시스템에 데이터 입출력하기

AI 시스템이 분석하는 데이터는 계산대 POS 등 다른 시스템이나 각종 센서, 마이크, 비디오 카메라 등 외부에서 들어옵니다. AI 시스템에는 이러한 데이터를 AI 모델이 받아들일 수 있도록 변환하는 기능이 필요합니다.

또한 AI 모델에서 출력된 데이터는 사람이 볼 수 있는 형태 등 활용할 수 있는 상태로 변환해야 합니다. 그래프로 나타내거나, 다른 시스템으로 전송하기, 이상 발생 시 이메일 등으로 알리기 등 목적에 따라 적절한 출력 방법을 검토합니다.

즉 AI 시스템에는 두뇌 역할을 하는 AI 모델 전후에 입력 데이터 처리와 출력 데이터 처리가 필요한 것입니다.

■ AI 모델 전후에는 입력 데이터와 출력 데이터 처리가 필요

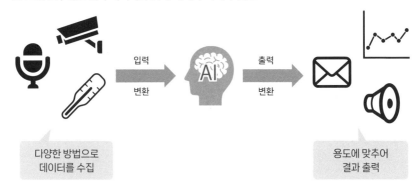

입력 변환 → AI → 출력 변환

다양한 방법으로 데이터를 수집

용도에 맞추어 결과 출력

● 데이터 입력 전처리

앞서 설명했듯이 AI 모델이 받아들일 수 있는 데이터 형식은 수치화된 벡터 또는 행렬입니다. 다른 시스템에서 수집한 각종 센서, 마이크에서 수집한 음성 신호, 비디오카메라 영상 등의 데이터는 AI 모델에 전달하기 위해 위와 같은 수치화 과정을 거쳐야 합니다. 동시에, 학습과 상관없는 노이즈를 제거하거나, 잘 잡히지 않는 데이터를 제거하거나, 적절한 크기로 리사이징하는 등의 전처리도 함께 진행합니다.

가령 인간의 음성을 처리한다면 음성으로 들리는 주파수 외의 주파수를 제거하도록 필터링합니다. 이미지 처리라면 확대/축소, 회전, 때로는 색조 보정 등을 통해 대상을 쉽게 판단할 수 있도록 합니다. 이러한 전처리를 통해 AI 모델의 성능은 크게 향상됩니다.

어떤 전처리를 할 것인가는 AI 기술과는 별개의 영역입니다. 모든 엔지니어가 이 분야에 대해 잘 아는 것은 아닙니다. 특히 센서와 같은 하드웨어를 수반하는 경우에는 임베디드 엔지니어, 하드웨어 엔지니어, IoT 엔지니어와 협업하여 이러한 작업을 진행하기도 합니다.

▪ AI 모델의 성능은 전처리로 결정된다

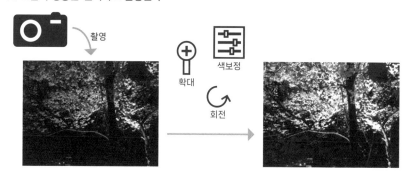

● 출력 데이터의 가공, 표시, 분석

AI 모델로 처리한 예측이나 분석 결과는 수치로 출력됩니다. 수치만으로는 사람이 이해하기 어렵기 때문에 그래프로 나타내기 등의 가공을 통해 알기 쉽게 만듭니다.

간단한 것이라면 AI 엔지니어가 만들기도 하지만 프로그래머에게 개발을 의뢰하기도 합니다.

또한 출력된 데이터를 모두 볼 필요가 없을 때도 있습니다. 애초에 사람이 대량의 데이터를 일일이 확인하는 것은 시간이나 노력을 고려하면 현실적으로 불가능합니다. 가령 이상 감지 시스템이라면 '이상값만 보기', '이상 발생 시 경고음이나 메일 등으로 알려주기'와 같은 구조로 만들어 놓으면 정상일 때 사람이 일일이 점검하지 않아도 됩니다.

AI 시스템에 따라서는 그 결과를 다른 시스템과 연동하기도 합니다. 매출 예측을 하는 AI 시스템에서 상품 자동 발주까지 하고 싶다면 별도의 발주 시스템을 통해 발주하는 기능도 만들어야 합니다.

■ 출력 데이터, 그 다음은?

◯ 웹 시스템이나 스마트폰과의 연동 기능

AI 시스템을 실제로 조작하기 위해서는 유저 인터페이스가 필요합니다. 전용 애플리케이션을 사용하기도 하지만 최근에는 대부분 웹 시스템을 이용합니다. 웹 시스템을 이용하면 PC와 스마트폰에서 모두 조작할 수 있습니다. 게다가 웹 기술이 충분히 받쳐주고 있고 엔지니어가 많기에 보기 좋고 사용하기 쉬운 시스템을 단기간에 만들 수 있습니다.

■ AI 시스템의 인터페이스는 웹 시스템

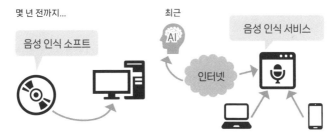

몇 년 전까지...
음성 인식 소프트

최근
AI

음성 인식 서비스

인터넷

● 웹 시스템에서 AI 모델 실행하기

웹 시스템에서 AI 모델을 실행할 때는 AI 엔지니어를 중심으로 프론트엔드 프로그래머, 백엔드 프로그래머 등이 협업하여 개발에 투입됩니다.

백엔드 프로그래머는 서버에 AI 모델을 배치하고 이를 외부에서 실행할 수 있는 구조(API)를 정의합니다. 프론트엔드 프로그래머는 웹 브라우저나 스마트폰에서 실행되는 프로그램에서 백엔드 프로그래머가 준비한 API를 실행합니다. 그러면 사용자의 조작에 따라 AI 모델을 사용할 수 있게 되는 것입니다.

이러한 구조는 AI 시스템 고유의 구조가 아니라 기존 IT 시스템에서 이용되는 일반적인 구조입니다. AI 시스템 전반의 개발에 대해서는 7장에서 자세히 살펴보겠습니다.

정리

▶ AI 시스템에는 AI 모델과는 달리 데이터 입력, 결과를 표시하는 기능 등을 만들어야 한다

▶ 입력 데이터를 수집하기 위해서는 전문 엔지니어와 협업하여 작업하기도 한다

▶ AI 시스템을 조작하기 위한 유저 인터페이스로서, 웹 시스템을 개발하는 경우가 많다

PoC 단계에서는 시각화된 데이터를 통해 트렌드를 조사하거나 AI 모델을 프로토타입으로 제작합니다. 이때 자주 사용하는 것이 Jupyter Notebook입니다.

■Jupyter Notebook의 트라이얼 페이지

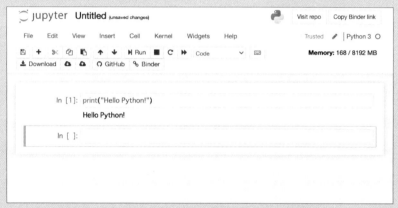

Jupyter Notebook은 Python의 '코드 작성 및 실행 환경'으로, 코드를 조금씩 작성하면서 부분적으로 실행할 수 있습니다. 또한 Matplotlib로 작성한 그래프, LaTeX와 연계된 라이브러리로 작성한 수식 등을 보기 쉽게 표시할 수 있습니다.

Jupyter Notebook을 쓰는 방법은 여러 가지가 있지만, Anaconda라는 Python 올인원 환경을 설치하면 Jupyter Notebook도 함께 설치됩니다.

Python 개발자가 '노트북으로 만들어봤다'고 하면 '노트북 컴퓨터'를 말하는 것이 아니라 'Jupyter Notebook'을 가리키는 경우가 대부분입니다. 실행 확인이 간편하기에 PoC의 강력한 도구라고 할 수 있습니다.

Jupyter Notebook
https://jupyter.org/

Anaconda
https://www.anaconda.com/

6장

▼

AI 모델의 구축과 PoC

AI 시스템의 핵심은 AI 모델입니다. 문제 해결 방법을 실증하여 AI 모델을 구축하는 PoC는 AI 시스템을 개발할 때 매우 중요한 공정입니다. 6장에서는 AI 모델 구축과 PoC의 흐름을 설명하겠습니다.

35 　PoC의 중요성

PoC(Proof of Concept, 개념 검증)는 AI 모델을 실제로 사용할 수 있는지 판단하는 중요한 과정입니다. 데이터 사이언티스트와 AI 엔지니어의 본령이 바로 이 PoC라고 할 수 있습니다.

⬤ 실현 가능성 검증

AI 시스템 개발에서 PoC는 핵심적인 AI 모델을 시제품(트라이얼)으로 제작하여 검증하고, 제품화 여부를 판단하는 중요한 공정입니다. PoC의 목적은 크게 두 가지로 나뉘는데, 하나는 비즈니스 측면의 검증, 다른 하나는 기술 측면의 검증입니다.

만약 비즈니스 측면이나 기술 측면의 실증이 어렵다고 판단되면 대대적으로 변경하거나 프로젝트 자체를 중단하는 사태마저 일어날 수 있습니다.

■ AI 시스템 개발 공정에서 PoC의 위치

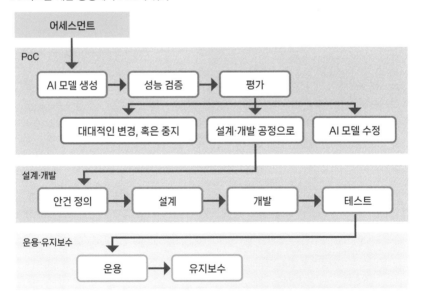

● 제품화 이익과 리스크 실증

비즈니스 측면의 실증은 'AI 도입에 따른 리스크와 리턴'을 실증하는 것입니다. 고객이 수긍할 수 있는 이익과 리스크를 추정하고, 나아가 시장에 미치는 영향을 예측하여 그래프와 수치로 표현하는 것까지 고려해 비용에 걸맞은 제품을 만들 수 있는지 실증해 나갑니다.

● 기술적으로 실현 가능할 때까지 시행착오

기술 실증은 '사람이 하는 검품 작업을 AI로 자동화한다'와 같은 구체적인 목적에 대한 실증입니다. AI 모델을 생성하는 AI 엔지니어가 주로 이 기술 실증에 참여합니다. PoC에서는 작업 공정 중 어느 공정에 AI를 도입할지 결정하고, AI 모델에 필요한 데이터를 수집하여 데이터의 성질을 파악해 AI 모델을 만듭니다. AI 모델에는 여러 가지 기법이 있는데, 데이터의 성격에 따라 효과적인 기법이 달라집니다. AI 모델이 완성되면 정확도가 충분히 나오는지 검증합니다. 정확도가 낮으면 파라미터를 튜닝하거나, 사용하는 알고리즘을 변경하거나, 데이터를 다시 수집하는 등 시행착오를 거듭합니다.

기술 검증이라고 해서 이익과 리스크를 무시하고 진행할 수는 없습니다. 항상 실용화를 염두에 두고 작업을 진행합니다.

✏️ **정리**

▣ PoC는 AI 모델의 구축과 검증이라는 AI 기술의 핵심을 포함하는, 제품화에 있어서 중요한 단계이다

▣ PoC로 비즈니스 측면 혹은 기술적 측면으로 실증이 어렵다고 판단되면 프로젝트가 중지될 수도 있다

▣ AI 엔지니어가 관여하는 PoC는 'AI로 무엇을 하고 싶은가' 라는 개념을 실제로 검증하는 작업이다

36 AI 모델 시제품에서 '무엇을' 분석할 것인가?

경영, 생산, 판매 현장에서 발생하는 문제를 AI 시스템으로 해결하려면 그 문제의 '무엇'을 AI 시스템으로 분석할지를 결정해야 합니다. 추상적인 목표를 풀어가다 보면 구체적인 알고리즘이 떠오르기 마련입니다.

◉ 목적 달성의 수단 분해하기

AI 시스템을 사용하는 목적 대부분은 분류나 예측 등입니다. 좀 더 구체적으로 말하면 '이미지를 카테고리로 분류하고 싶다', '매출을 예측하고 싶다' 등이 될 수 있습니다.

하지만 '어떤 방법을 쓰면 AI 시스템의 목적을 달성할 수 있다'고 장담할 수는 없습니다. 수단과 목적 달성이 직결되지 않을 때는 목적 달성을 위한 수단을 세분화하여 여러 수단을 조합해야 합니다.

● 예/아니오 문제도 목적이나 상황에 따라 방법은 바뀐다

답이 '예'나 '아니오' 둘 중 하나인 '2진수 문제'를 예로 들어보겠습니다. 가령 'A사와 계약해야 할지 말지'를 판단하고 싶을 때, 비교 대상과 상황, 목적에 따라 분석해야 할 내용이 달라집니다.

계약처를 'A사로 할 것인가, 아니면 B사로 할 것인가'의 경우 'A사로 해야 하는가, 그렇지 않은가'를 선택한다면 두 회사에 악재가 없다고 가정했을 때 같은 사양으로 견적을 내고 비교하는 방법으로 귀결됩니다.

그러나 'A사와 계약하는 것이 이익인가 불이익인가'의 문제라면 A사와 자사의 계약 실적, A사와 타사와의 계약 사례, A사에 대한 사회적 평가 등을 분석해야 합니다. 이때 계약 실적이라고 해도 계약 횟수인지, 계약 금액인지, 납기인지, 아니면 모든 것을 종합한 레이더 차트 같은 것을 만들 것인지 등 여러 가지 방법이 있을 수 있습니다.

이처럼 'A사와 계약해야 할지 말지'라는 문제를 해결하기 위해서도 목적에 따라 다양한 방법이 있고, 어떤 방법을 택하느냐에 따라 결과는 크게 달라질 수 있습니다.

■ 'A사와 계약해야 할지 말지'는 단순한 예/아니오 문제가 아니다

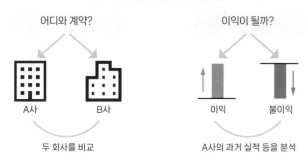

● 이미지 처리 방법도 다양하다

AI를 많이 활용하는 이미지 인식에 대해서도 '무엇을' 인식하고자 하는지에 따라 방법이 달라집니다. '이미지 검색의 정확도를 높이고 싶다'는 목적이라면 이미지에서 최대한 많은 사물을 추출하여 '식물', '동물', '인간' 등의 태그를 붙여야 합니다.

또한 '따뜻한', '상쾌한' 등 모호한 키워드로 검색했을 때 정확도를 높이기 위해서는 각 픽셀의 'RGB값'이 단서가 됩니다. 빨강, 주황, 노랑 계열의 RGB 값을 가진 픽셀이 많은 이미지는 '따뜻한'으로 검색하는 사람을 만족시킬 확률이 큽니다. 반면 '상쾌함'의 경우 '산과 숲의 상쾌함'이라면 녹색 계열, '하늘과 바다의 상쾌함'이라면 청색 계열, '감귤류의 상쾌함'이라면 주황색과 노란색 계열로 분류할 수 있습니다.

이미지의 판단은 윤곽을 판단하는 것이기도 합니다. 윤곽은 인접한 픽셀 간의 RGB 값이 어떤 기준을 넘어 서로 다른 부분입니다. 윤곽선 추출은 사진이 디지털로 가공된 흔적을 찾는 데도 활용할 수 있습니다. 촬영된 사진이라면 윤곽선이 자연스럽게 떨어져 있어야 하지만, 가공된 사진이라면 인접한 픽셀 간의 RGB 값이 거의 같을 가능성이 있기 때문입니다.

■ 이미지의 무엇을 인식하고 싶은가

무엇이 찍혀 있는가

여성, 남성, 성인, 나무, 길, 벤치,
공원, 야외, 맑음, 조깅, etc

RBG로 판단한다

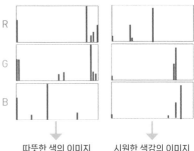

따뜻한 색의 이미지   시원한 색감의 이미지

○ AI 모델을 살리기도 하고 죽이기도 하는 '특징량'

AI 시스템을 설명할 때 중요한 키워드로 등장하는 것이 바로 특징량과 그 특징량을
요소로 한 특징량 벡터입니다.

특징량은 특징을 수치화한 것입니다. 예를 들어, 특징을 나타내는 수치로 '키', '몸무
게', '나이' 등이 있습니다. 또한 수치화하기 어려워 보이는 '이름'도 문자 코드에 의
해 수치화하여 표현할 수 있습니다.

어떤 특징을 선택할지, 혹은 수치로 표현하기 어려워 보이는 특징도 분석 목적에 맞
게 수치화하는 것이 AI 엔지니어와 데이터 사이언티스트의 능력입니다. 이를 **특징
량 엔지니어링**이라고 합니다.

● 특징량 표현 방법 결정

특징량을 수치화할 때 중요한 것은 스케일을 맞추는 것입니다. 데이터를 특징량 벡
터로 표현하고 비교하기 위해서는 벡터의 요소 수가 같아야 하며, 어떤 데이터든 i
번째 요소가 나타내는 특징량이 같아야 합니다.

이런 점을 고려하면 사람의 이름을 특징화할 때는 조금 더 신경을 써야 합니다. 사
람마다 이름의 길이가 다르기 때문입니다.

이를 해결하는 방법은 여러 가지가 있습니다. 예를 들어, 데이터에서 이름이 가장

긴 사람에 맞춰 이름에 해당하는 요소를 가져오고, 이름이 짧은 사람은 남은 요소를 0으로 만듭니다. 또는 평균적인 이름보다 긴 이름을 가진 사람에게는 '이후 생략' 요소를 1로 설정합니다.

■ 사람의 이름을 특징량으로 할 때 자수를 맞춘다

알파벳의 각 문자에 1~26의 숫자를 할당한다
여백은 0
10글자째 이후는 생략

생략의 유무

	B	A	C	H						
Bach	2	1	3	8	0	0	0	0	0	0
	V	I	V	A	L	D	I			
Vivaldi	22	9	22	1	12	4	9	0	0	0
	C	H	O	P	I	N				
Chopin	3	8	15	16	9	14	0	0	0	0
	M	E	N	D	E	L	S	S	O	
Mendelssohn	13	5	14	4	5	12	19	19	15	1
	B	E	E	T	H	O	V	E	N	
Beethoven	2	5	5	20	8	15	22	5	14	0

✏ 정리

▷ AI 시스템으로 실현하고자 하는 것에 맞추어 데이터나 방법을 검토한다
▷ 특징량이란 특징을 수치화한 것이다
▷ 특징량은 개념을 수치로 나타내는 등 상황에 따른 아이디어가 필요하다
▷ 목적에 맞추어 어떤 특징을 골라 수치화할지가 중요하다

37 | 데이터 수집 시 주의해야 할 사항

시스템을 개발할 때 빼놓을 수 없는 것이 바로 AI 모델 학습에 사용되는 데이터입니다.
어떤 데이터를 사용하느냐, 어떻게 처리하느냐에 따라 AI 모델의 성능에 큰 영향을 미칩니다.

● 데이터가 올바른지 확인한다

AI 모델을 만들기 위해 중요한 것 중 하나가 바로 학습 데이터 수집입니다. 이제 막
AI 시스템 개발을 시작하려는 시점에서 AI 모델 학습에 적합한 데이터가 이미 쌓여
있는 것은 아닙니다. 그래서 지금까지 인간이 분석하기 위해 수집한 데이터나 기존
IT 시스템에 수집된 데이터가 있더라도 AI 모델 학습에 적합한지 확인하는 것부터
시작해야 합니다.

● 편향

가장 먼저 고려해야 할 것은 **편향**입니다. 사람들은 데이터를 수집할 때 일정 범위의
데이터만 수집하고 그 외의 데이터는 버리는 경우가 많지만 그러면 제대로 된 학습
이 이루어질 수 없습니다. 예를 들어 비즈니스 규칙을 판단하는 AI 모델을 구축할
때, 지금까지 승인된 1,000건의 문서뿐만 아니라 승인되지 않은 10만 건의 문서도
필요할 수 있습니다.

클레임이나 익명 게시글 등의 데이터를 수집할 때는 챗봇(자동 대화 프로그램)이 부적
절한 단어를 학습해 고객 응대 답변에 사용하지 않도록 해야 합니다. 따라서 무엇을
위해 어떤 단어를 수집할 것인지 주의해야 합니다. 이미 학습된 서비스를 이용하거
나 판매되는 데이터셋을 이용할 수도 있습니다.

■ 데이터에 편향이 있다

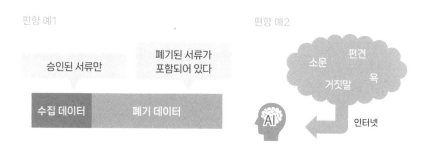

편향 예1

승인된 서류만   폐기된 서류가 포함되어 있다

수집 데이터   폐기 데이터

편향 예2

소문   편견   욕

거짓말

인터넷

AI

●분산

편향과 함께 자주 발생하는 문제는 **분산**입니다. 정말 분산되어 있는지, 아니면 이상 치인지 확인할 필요가 있습니다. 센서가 기록한 값의 피크가 '규칙적으로 나오기 때문에 유의미한 값이다' 라고 생각했지만, 실제로는 규칙적인 문 개폐로 인한 불필요한 데이터 파동인 경우도 있습니다.

■ 데이터가 분산되어 있다

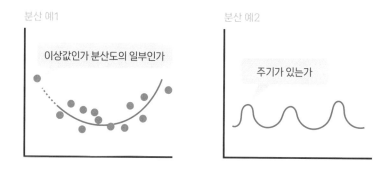

분산 예1

이상값인가 분산도의 일부인가

분산 예2

주기가 있는가

편향과 분산을 피하기 위해서는 적절한 데이터가 적절한 AI 모델 구축을 위해 중요하다는 것을 고객이 이해하고, PM이나 데이터 사이언티스트가 가능한 한 데이터 발생 현장 상황을 파악하는 것이 바람직합니다. 앞으로 올바른 데이터를 확보하는 것뿐만 아니라 과거 데이터를 사용할 수 있는지 여부를 판단하기 위해서입니다.

수집된 데이터는 결함이나 노이즈가 있거나 크기가 맞지 않을 수 있습니다. 따라서 AI 모델 학습에 활용하기 전에 데이터를 정리해야 합니다.

● 결함 처리

데이터 결함은 구체적으로 말하면, 특징 벡터에서 값이 정해지지 않은 요소입니다. 데이터가 충분하고 그중 일부만 결함이 있을 때는 단순히 결함 데이터를 버리는 선택지도 있습니다. 하지만 데이터가 적어서 다시 채우기가 어렵거나, 고객사가 꼭 넣었으면 하는 데이터라면 버릴 수도 없습니다. 이럴 때는 어떤 식으로든 결함이 있는 데이터를 보완합니다. 가령, 인접한 여러 데이터 간의 평균을 취하는 방법 등이 있습니다. 또는 결함이 없는 데이터에 가중치를 부여하여 우선 고려하는 방법도 있습니다. 또한, '데이터에 결함이 있다 · 없다' 자체를 특징량으로 추가하는 방법도 있습니다.

이미지의 경우, 노이즈, 흐림, 명암 차이로 인해 색이 뭉개진 부분도 '결함 데이터'라고 할 수 있습니다. 이미지 보정 방법에는 여러 가지가 있지만, 주변 수치로 계산하여 채워 넣는 방법이 있습니다.

■ 결함 수정의 예

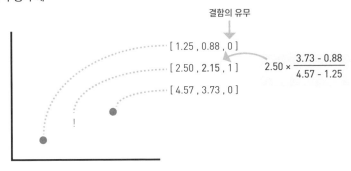

● 크기 조정

입력 데이터 크기에 차이가 있는 경우, 작은 값의 데이터는 무시하기 쉽습니다. 그래서 0~1이나, -1~1의 범위에 맞추거나 전체 데이터를 평균값에 대한 비율로 환산하는 등 데이터 표준화 작업을 수행합니다. 이미지의 경우, 이미지의 크기나 해상도를 맞추거나, 인물을 둘러싸고 있는 바운딩 박스의 크기를 맞추는 등의 작업을 수행합니다.

■ 크기 조정 이미지

그래프의 경우

원래 데이터 · 각각의 평균치에 대한 비율로 대비한다

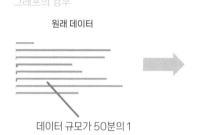

데이터 규모가 50분의 1

절대값에 의미는 없으며 변화의 양상만을 비교

이미지의 경우

바운딩 박스가 커서 두 명이 들어가고 여백도 많다

얼굴만 들어가도록 바운딩 박스의 크기를 조정

✏️ **정리**

▸ AI 모델을 생성하려면 목적에 맞는 데이터 수집이 필요하다

▸ 수집하는 데이터는 편향이 없도록, 또한 불필요하게 분산되지 않도록 한다

▸ 학습에 사용되는 데이터는 데이터 정리를 해야 한다

38 AI 모델에서 사용하는 알고리즘을 검토한다 ①지도 학습

해결하고자 하는 문제, 원하는 결과, 그리고 무엇보다도 원본 데이터의 성격에 따라 AI 모델에 적합한 알고리즘을 고려해야 합니다. 여기에서는 '라벨링된 데이터'를 통한 '지도 학습'으로 구축되는 AI 모델에 대해 설명하겠습니다.

◉ 예상값이 결과로 출력되는 수식 만들기

지도 학습의 본질은 방정식을 만드는 것입니다. 이는 방정식을 푸는 것과는 정반대입니다. 방정식은 먼저 수식이 있고, 그 수식을 만족하는 값의 쌍을 구하는 것입니다. 하지만, 지도 학습은 먼저 값의 쌍이 있고, 이를 바탕으로 방정식을 만듭니다. 대량의 라벨이 붙은 데이터에서 수식을 구해 라벨이 없는 데이터에서도 예측과 분석을 할 수 있게 합니다.

여기에서는 지도 학습으로 구축하는 모델(이하 지도 모델)에는 구체적으로 어떤 것들이 있으며, 어떻게 구축하여 활용할 수 있는지 몇 가지 예시를 소개하고자 합니다.

■ 방정식의 답을 구하는 것과 AI 모델 구축은 반대

수식의 방정식	AI 모델
식의 조합	값의 조합(데이터셋)
$x + 5y = 4$	$x = -1, y = -15$
$-x + y = 8$	$x = 1, y = -7$
을 충족하는 x와 y의 값을 구한다	$x = 3, y = 9$
	를 충족하는 x와 y의 식을 구한다

○ 대표적인 '지도 학습 모델'

지도 학습에서 구축하는 모델의 기본은 아래 세 개이며, 이들을 여러 개 조합하면 더욱 복잡한 알고리즘도 만들 수 있습니다.

● 회귀분석

회귀분석은 주로 예측에 활용되는 알고리즘입니다. 임의의 차원 좌표 공간에 좌표가 알려진 데이터(지도)를 플롯하고, 그 점들이 올라탈 함수를 결정합니다. '회귀'는 플롯한 데이터의 점들이 어떤 곡선에서 유래했는지(즉, 돌아갈 것인지)를 의미합니다. 학습이 끝나면 미지의 데이터가 그 함수에 올라타면 어떻게 될지 예측합니다. 가장 간단한 'X 좌표를 알고 있는 데이터의 Y 좌표를 구한다'고 예측할 때, 그 Y 좌표를 '목표' 또는 '목적 변수의 값'이라고 부릅니다.

한편, 회귀곡선 상에서 X좌표도 '변수'로 간주할 수 있습니다. 이 경우 X측의 변수를 '설명변수'라고 부릅니다. 목적변수 · 설명변수가 연속적인 값을 취한다고 가정하고 예측을 하는 것도 회귀분석의 특징입니다.

▪ 회귀분석의 예

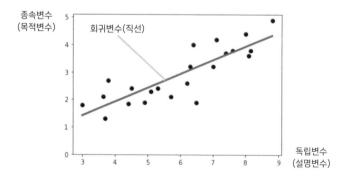

● 로지스틱 회귀

로지스틱 회귀는 예측이나 분류에 활용되는 알고리즘입니다. '로지스틱'은 '로그(대수)'를 다룬다는 뜻에서 유래했습니다. 로그 함수 중 하나인 '시그모이드 곡선'이라는 곡선으로 데이터를 회귀시킵니다.

시그모이드 곡선은 중간 영역을 사이에 두고 많은 Y가 1 또는 0에 가까운 값을 취하는 곡선입니다. 이러한 곡선을 이용해 로지스틱 데이터가 특정 클래스로 분류될 확률로 표현되며, 임계값으로 '1' 또는 '0'으로 분류를 결정합니다.

가령 어떤 실기시험의 합격과 불합격을 예측한다고 가정해 보겠습니다. 이때 합격을 1, 불합격을 0, 응시자가 실기시험을 준비하기 위해 연습한 횟수를 설명변수로 삼습니다. 그러면 27번 정도 연습하면 합격하리라는 예측을 할 수 있습니다.

■ 로지스틱 회귀의 예

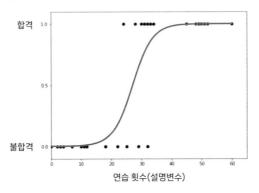

● SVM

SVM은 Support Vector Machine(서포트 벡터 머신)의 약자로, 주로 분류에 활용되는 알고리즘입니다.

SVM의 목적은 두 개의 서로 다른 클러스터를 명확하게 구분하는 결정 경계 함수를 구하는 것입니다. 서포트 벡터는 두 클러스터에 각각 속한 점 중 서로 가장 근접한 두 점을 말합니다. 이 두 점이 결정 경계를 지지(서포트)하고 있다는 생각에서 이 이름이 붙여졌습니다.

다음 그래프는 두 계열의 데이터로 각각의 특징량 1과 특징량 2의 분포를 만들어 경계선에서 가장 근접한 두 점이 최소의 거리를 유지하도록 하고 있습니다.

■ SVM

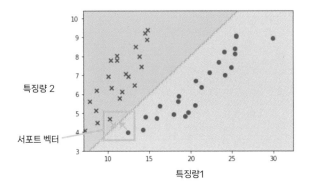

특징량 2

서포트 벡터

특징량1

◯ 복수의 판단을 조합하는 결정목

결정목은 복수의 판단을 거쳐 결과에 도달하게 만드는 방법입니다. 가령 '당신에게
맞는 화장품 진단'에서 여러 갈래로 나뉜 질문에 차례로 답하다 보면 마지막에 '촉촉
한 타입'에 도달하는 것을 흔히 볼 수 있는데, 이것이 바로 결정목입니다.

다만, 이미 있는 결정목에, 자신을 대신해 AI가 대답해 주는 것은 결정목 모델이 아
닙니다. 결정목 자체를 만드는 것이 모델입니다. 조금 더 구체적으로는 갈래를 나누
기 위한 각 질문에 데이터의 어떤 특징을 채워야 하는지를 선택하는 것입니다.

가령 다섯 개의 데이터가 있을 때, 각각 4차원 벡터[특1, 특2, 특3, 특4]로 표현하여
다음과 같다면 결정목이 완성된 것입니다.

■ 다섯 개의 데이터

A	B	C	D	E
[1, 1, 0, 0]	[0, 1, 1, 1]	[1, 1, 1, 0]	[0, 0, 1, 1]	[1, 1, 0, 1]

왜냐하면 특1의 값이 '1'이냐 '0'이냐에 따라 'A/C/E' 혹은 'B/D'로 나뉘기 때문입니
다. 다음으로 특2의 값이 '1'인지 '0'인지에 따라 'B'인지 'D'인지가 결정됩니다. 다음
특3에서 'C'가 'A/E'에서 'C'로 나뉘고, 특4에서 'E' 또는 'A'로 결정됩니다.

위의 예는 눈으로 볼 수 있도록 데이터를 만들었습니다. 하지만 실제로는 이런 특

징들을 선별해야 하고, 데이터를 구분하기 위해 어떤 임계값이나 로지스틱 회귀, SVM 등을 이용합니다.

■ 결정목의 예

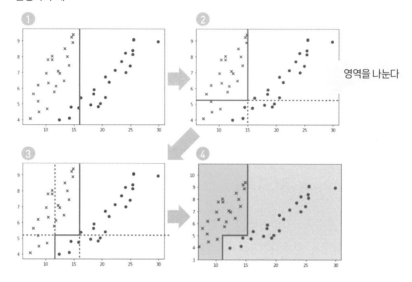

영역을 나눈다

○ 매번 배우는 k-최근접 이웃

k-최근접 이웃, 즉 kNN(K Nnearest Neighbour)는 전체 데이터에 적용하는 수식을 구하는 것이 아니라, 학습 데이터가 분포하는 공간에 미지의 데이터를 두고 그 근처에 있는 데이터의 라벨을 정답으로 부여하는 방법입니다. 미지의 데이터 근처에 있는 k개의 데이터를 다수결로 결정합니다.

이 방법의 특징은 '학습하여 일반적인 함수를 구축하는' 과정 없이, 데이터가 주어지면 그 데이터를 학습(자신의 주변 데이터의 라벨을 따라한다는 의미의 학습)하는 것입니다. 이 과정을 **게으른 학습**이라고 합니다.

■ 게으른 학습

k-최근접 이웃
전체 데이터는 분석할 뿐

미지의 데이터(xp1, yp1)

⬇

(xp1, yp1)에 대해 근접한
데이터를 찾아 같은 클래스로 결정

⬇

미지의 데이터(xp2, yp2)

⬇

(xp2, yp2)에 대해 근접한
데이터를 찾아서 같은
클래스로 결정

...이하 반복

} 데이터가 주어진 후
배우기 시작하는
게으른 학습

다른 지도 학습
데이터로 함수 f(x) 작성

※ x는 실은 벡터지만 여기에서는
간단히 값 x로 한다

⬇

미지의 데이터값 xp1에 대해
f(xp1)을 구한다

⬇

미지의 데이터값 xp2에 대해
f(xp2)를 구한다

...이하 반복

원리는 간단하고 쉽게 시작할 수 있지만, 미지의 데이터를 분류할 때마다 학습 데이터가 필요합니다. 데이터를 어떤 특징값으로 분포시킬지, k의 값을 몇 개로 할지는 분석가의 솜씨에 달려 있습니다.

■ k-최근접 이웃

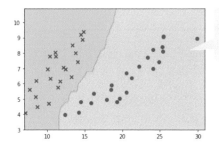

각 점에 대해 각각
k=5를 적용하여 영역을
색깔로 나눔

정리

▷ 지도 학습의 본질은 데이터를 표현하기 위한 수식의 구축이다

▷ 지도 학습에서 작성하는 모델에는 회귀 분석, 로지스틱 회귀, SVM, 및 복수의 분류 문제로 성립하는 결정목이 있다

39   AI 모델에서 사용하는 알고리즘을 검토한다 ②비지도 학습

인간 사회에서는 '이렇게 하면 정답이다' 라고 가르쳐 주는 이가 없어도 비슷한 문제를 만나면 서 공통된 대처법을 익힐 수 있습니다. 마찬가지로 AI도 학습 데이터가 없어도 유사한 데이터 를 찾아가며 숨겨진 정보를 찾아내는 방법이 있습니다.

● 비지도 학습이란

비지도 학습으로 구축하는 모델에서는 라벨이 없는 데이터를 분석합니다. 라벨이 없다고 해서 특징이 없는 것은 아닙니다. 이 이미지는 개, 이 이미지는 고양이라는 라벨이 붙지 않았을 뿐입니다. 비지도 학습은 여러 데이터의 '경향을 파악'하고 싶거 나, '새로운 것을 발견'하고 싶을 때 사용되는 분석 방법입니다. 비지도 학습을 통한 모델의 대표적인 활용 사례는 비슷한 행동(상품 구매, 콘텐츠 선택 등)을 하는 고객의 특징, 같은 질병을 앓고 있는 환자의 검사 수치(혈압, 심박수, 혈당 등)의 경향을 분석 하고 싶을 때 등입니다. 데이터의 '유사성 여부'는 구체적으로 데이터를 나타내는 특 징량 벡터가 '가까운지 아닌지'를 의미합니다.

같은 이미지 인식이라도 어떤 사람의 사진을 인식하게 하고, 그 사람이 다른 사진에 있는지를 판단하는 것이라면 지도 학습입니다. 하지만 사진에 무엇이 찍혀 있는지 전혀 단서가 없는 상태에서 추정하는 경우, 각 픽셀의 RGB 값으로 클러스터링하는 것 등은 비지도 학습입니다(현재 '무엇이 찍혀 있는지 판단'하는 학습은 대부분 지도 학습을 사용합니다).

또한 번역은 이미 단어와 문법을 알고 있는 언어에서 번역하는 것이기 때문에 지도 학습이지만, 고대 문자와 같이 문자도 문법도 모르는 경우 문자를 이미지로 간주하 고 유사성을 분석하는 것은 비지도 학습입니다.

비지도 학습은, 먼저 경향을 파악한 후 그 경향에 맞는 라벨을 붙여서 지도 학습으로 가져가는 계기가 되기도 합니다.

■ 비지도 학습으로 경향을 파악하다

지도 학습의 접근법

문제
'이 환자는 질병 A에 걸려 있는가'

학습 데이터
라벨
· 질병 A가 발병했다
· 질병 A가 발병하지 않았다

특징량
· 검사 a의 결과
· 검사 b의 결과
· 기존 병력
...등

← 새로운 환자 데이터

걸렸는지 안 걸렸는지 판정

비지도 학습의 접근법

문제
'질병 A의 원인은?'

질병 A에 걸린 사람들

특징을 추려내다
· 환자의 정보
· 검사 a의 결과
· 검사 b의 결과
· 기존 병력 등

경향을 보다
· 50대 정도부터 증가한다
· PC로 장시간 작업하는 사람
· 검사 a와 c에서 양성이 나온 사람
...등

◯ 지도가 없어도 배울 수 있다

AI 도입 컨설턴트들은 '필요한 건 알겠는데 어디에 무엇을 도입해야 할지 모르겠다'는 상담에 대해 먼저 비지도 학습으로 매출과 비용 데이터를 분석할 것을 제안합니다.

'비지도'라고 하지만 완전히 무방비 상태인 것은 아닙니다. 클러스터 분석에서는 처음에는 무작위로 시작하지만, 유사성을 평가하면서 더욱 적절한 분류를 하기에 '비슷한 것끼리 모이는' 학습 방법이라고 할 수 있습니다. '강화 학습'처럼 '무작위로 움직이되 기대한 결과에서 벗어나면 페널티를 주는' 방법인, 그야말로 실패를 통해 학습하는 방법도 있습니다.

◯ 비지도 학습의 대표적인 예

비지도 학습의 대표적인 예는 클러스터 분석입니다. 이는 일정한 유사성을 바탕으로 데이터를 여러 집합으로 분류하는 것입니다.

● k-평균법

구체적인 방법 중 하나가 **k-평균법**이라고 불리는 것입니다. k-최근접 이웃(152쪽
참조)과 닮았지만, 지도하는 데이터가 없기에 서로의 거리를 잽니다.

'k'는 분류하는 클러스터의 개수입니다. 맨 처음 k개의 '중심점'을 랜덤으로 배치하
여 클러스터로 나눕니다. 그 클러스터 안에서 더욱 좋은 중심점을 다시 계산하여,
클러스터를 재분류합니다. 이것을 계속하여 더욱 좋은 중심점이 산출되지 않는다면
그것을 최적의 분류로 삼습니다.

다음 그림은 k-평균법의 예인데, 이렇듯 눈에 보이고 분류할 수 있을 법한 클러스
터를 얻을 수 있으리라는 보장은 없습니다. 또한 고차원이 되면 그림으로 보는 것은
불가능해집니다.

▪ k-평균법의 예

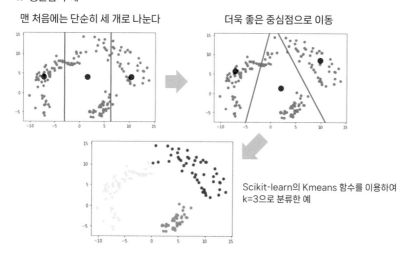

맨 처음에는 단순히 세 개로 나눈다

더욱 좋은 중심점으로 이동

Scikit-learn의 Kmeans 함수를 이용하여
k=3으로 분류한 예

○ **강화 학습**

강화 학습은 시행착오를 하면서 최적의 답을 구하는 방법입니다. '에이전트'라는 행
동 주체가 처음에는 무작위로 행동하고, 목표를 향해 행동을 수정해 나갑니다. '처
음부터 이것이 정답이라고 알려주는 지도자가 없다'는 의미에서 '비지도 학습'이지

만, '지도 학습'도 아니고 '비지도 학습'도 아닌 제3의 학습법이라고 할 수 있습니다.

강화 학습에서 에이전트의 행동에 영향을 미치는 것은 환경입니다. 행동의 결과를 목표치와 비교하면서 목표에 가까워지도록 수정해 나갑니다. 목표치 자체가 아니더라도 어떤 속성값을 부여해 기대한 행동에 가까울 때는 늘리고, 벗어날 때는 줄이는 '보상과 벌칙'과 같은 구조를 갖도록 합니다.

강화 학습은 머신러닝의 일종이지만, 딥러닝 분야에서 '심층 강화 학습'으로 발전하고 있습니다. 현재 AI 발전의 불을 지핀 바둑 AI '알파고'에도 사용되고 있습니다.

■ 강화 학습

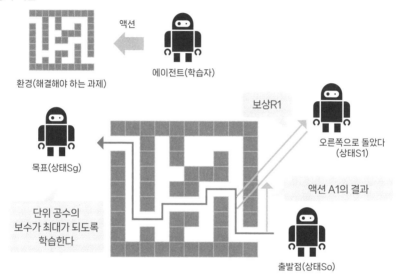

액션

에이전트(학습자)

환경(해결해야 하는 과제)

보상R1

오른쪽으로 돌았다
(상태S1)

목표(상태Sg)

액션 A1의 결과

단위 공수의
보수가 최대가 되도록
학습한다

출발점(상태So)

 정리

▷ 비지도 학습이란 라벨이 없는 데이터로, 미지의 데이디를 분석하기 위한 방법이다

▷ 비지도 학습의 대표적인 예는 클러스터 분석으로, k-평균법이 자주 이용된다

▷ 강화 학습은 목표를 향해 동작을 수정해 나가는 학습법이다

40 AI 모델에서 사용하는 알고리즘을 검토한다 ③앙상블 학습

AI 시스템에서는 여러 개의 AI 모델을 조합하여 더욱 복잡한 분석을 할 수 있습니다. 여기서는 여러 AI 모델을 조합하는 앙상블 학습에 대해 설명하겠습니다.

◯ 앙상블 학습이란

여러 개의 AI 모델을 조합하여 하나의 AI 모델을 만드는 방법을 **앙상블 학습**이라고 합니다. 먼저 간단하고 정확도가 낮은 '학습기' 또는 '추정기'라는 AI 모델을 여러 개 만들어 예측한 결과를 결합해 더욱 나은 예측을 하려는 방법입니다.

앙상블 학습을 구성하는 간단한 AI 모델을 '약(弱) 학습기'라고 합니다. 그리고 여러 약 학습기가 내놓은 예측을 종합해 더 나은 예측을 얻기까지의 과정을 하나의 'AI 모델'로 간주하는 것을 '강(強) 학습기'라고 합니다. 앙상블 학습은 약 학습기의 생성 방법에 따라 여러 가지 방법으로 나뉩니다.

■ 앙상블 학습

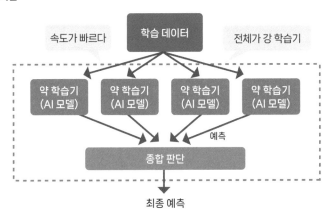

● 약 학습기에는 결정목이 자주 이용된다

약 학습기에는 결정목이 자주 이용됩니다. 결정목은 YES/NO로 대답할 수 있는 조건으로 분류합니다. 또한 분류한 결과를 수치화하여 회귀에도 활용할 수 있습니다. 결정목은 분류와 회귀 모두에 사용할 수 있다는 장점이 있습니다. 따라서 약 학습기에는 분기가 매우 얕은 결정목이나 여러 번 학습시킨 결정목이 이용됩니다.

● 결과의 종합 판단은 평균값 또는 다수결로 결정

여러 약 학습자가 내놓은 예측의 종합 판단은 회귀의 경우 평균값, 분류의 경우 다수결로 결정합니다. 때에 따라서는 가중치를 부여하기도 합니다.

● 약 학습기들은 각각 연관성이 없도록 한다

앙상블 학습을 사용하는 이유는 서로 연관성이 없는 방식으로 예측하여 결과가 일치하면 그 예측을 신뢰할 수 있다는 생각 때문입니다. 각 약 학습기에서 데이터의 가중치를 바꾸거나(부스팅), 분기에 사용하는 특징을 바꾸거나(랜덤 포레스트), 분기 모델을 바꿉니다(스태킹).

● 약 학습기가 사용하는 데이터가 너무 분산되지 않도록 한다

약 학습기의 예측이 각각 너무 다르면 종합적인 판단을 의심하게 됩니다. 따라서 각약 학습기의 학습에 사용되는 데이터는 동일한 데이터셋에서 무작위로도 일부 중복을 허용하는 복원추출을 통해 할당합니다.

COLUMN 학습기와 추정기

이때 쓰이는 기(器)는 영어에 대응하는 단어가 없어 붙여진 명칭입니다. '학습기'에 해당하는 영어는 'learner'입니다. 대상이 사람이라면 '학습자'이지만, 사람이 아니기 때문에 '학습기'라고 부르는 것입니다. 그 정체는 이미 학습된 모델입니다. 즉 학습은 끝났기 때문에 이제부터는 더 이상 학습이 아닌 예측을 하는 것입니다. 그래서 추정기(estimator)라고도 합니다.

○ 부스팅

부스팅이란 앙상블 학습 방법의 하나로, 학습 방법을 조금씩 바꾼 학습기를 조합합
니다.

맨 처음, 학습기를 하나 작성하여 예측시킨 후, 다음 학습기에서는 예측을 틀린 데
이터에 가중치를 부여해 학습시킵니다. 이를 반복하면, 나중에 만든 학습기는 이전
학습기가 예측한 데이터에 대해서는 정확도가 떨어질 수 있지만, 이전 학습기가 잘
못 예측한 데이터에 대해서는 더 정확한 예측을 할 수 있게 됩니다. 이렇게 '주목하
는 데이터'가 조금씩 다른 학습기에 대해 동일한 데이터셋을 이용해 학습하고, 모든
학습기의 예측을 조합하는 것이 부스팅입니다.

■ 부스팅

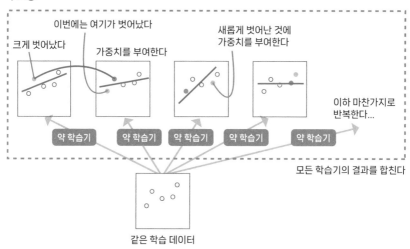

○ 배깅과 랜덤 포레스트

배깅도 앙상블 학습의 한 방법 중 하나로 '부트스트랩 애그리게이팅(Bootstrap aggre-
gating)'의 줄임말입니다. 배깅에서도 각 학습기에 대한 학습을 시키는 방법은 동일
합니다. 다른 점은 학습시킬 데이터셋을 사용하는 방법입니다. 각 학습기에는 학습
시킬 데이터셋 일부를 무작위로 추출한 '서브 세트'를 사용합니다. 이 추출은 중복을

허용하는 '복원 추출'입니다.

배깅의 대표적인 예가 **랜덤 포레스트(Random forest)** 라는 방법입니다. 포레스트(숲)라는 이름에 걸맞게 수백 개에서 수천 개 이상의 결정목을 약 학습기로 만듭니다. 보통 랜덤 포레스트는 각 분기마다 무작위의 '특징값 하위 집합'을 사용합니다. 모든 특징 중 일부에만 주목하도록 함으로써, 어떤 특징에 주목할지 학습기마다 무작위로 다르게 만드는 것입니다. 이렇게 하면 특정 일부 특징에만 의존해 예측하는 것을 방지할 수 있습니다.

■ 배깅

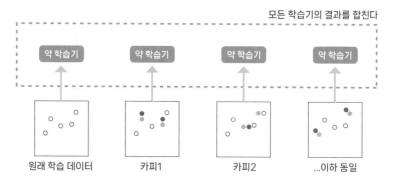

스태킹

부스팅과 배깅은 각 약 학습기의 기본 구조가 서로 비슷합니다. 이에 반해 두 단계 이상의 학습을 시키는 것이 **스태킹**입니다. 결정목뿐만 아니라 SVM 등을 조합합니다.

기본 구조가 비슷하다면 예측값의 편차가 크지 않아 다수결이나 평균으로 종합적으로 판단할 수 있습니다. 하지만 약 학습기의 모델이 다른 경우에는 종합 평가에도 '약 학습기를 어떤 형태로든 조합한 모델'을 만들어야 합니다. 이것이 바로 '강 학습기 모델'입니다.

쉽게 생각하면, 데이터셋을 두 개로 나누어 그 절반으로 각 약 학습기를 만들고, 나머지 절반으로 예측을 하게 합니다. 그 예측값을 이용해 강 학습기 모델을 학습시키는 것입니다. 단, 두 개로 나누는 방식에 따라 편향이 있어서는 안 되기 때문에 보통 k번 나누어 나중에 소개할 교차 검증(P.170 참조)을 실시합니다.

■ 스태킹

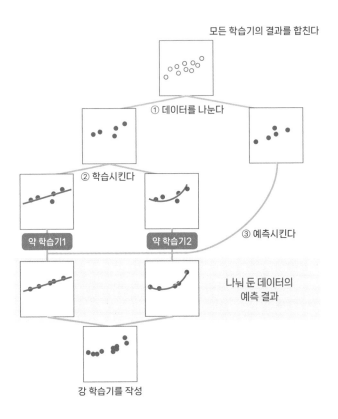

모든 학습기의 결과를 합친다

① 데이터를 나눈다

② 학습시킨다

약 학습기1

약 학습기2

③ 예측시킨다

나눠 둔 데이터의
예측 결과

강 학습기를 작성

✏ **정리**

▣ 앙상블 학습이란 정밀도가 낮은 복수의 약 학습기를 조합하여 종합 판단하는 방법이다

▣ 약 학습기를 생성하려면 부스팅과 버깅 등 두 종류

▣ 스태킹은 두 단계 이상을 학습시켜서 강 학습기를 만드는 방법이다

41 AI 모델에서 사용하는 알고리즘을 검토한다 ④딥러닝

더욱 복잡한 학습에는 딥러닝을 이용합니다. 딥러닝은 다층 구조를 채택한 학습 모델로, 이미지, 음성, 언어 처리에 능한 것이 특징입니다. 지금 가장 주목받고 있는 학습 방법인 딥러닝에 대해 알아보겠습니다.

◉ 이미지와 언어 처리 등에 강점을 가진 딥러닝

딥러닝은 신경망이라는 뇌의 신경회로 일부를 모방한 AI 모델을 이용한 머신러닝을 말합니다. 특징량을 자동으로 추출하기 때문에 이미지와 언어 처리에 강하다는 특징이 있습니다.

● 뉴럴 네트워크

뉴럴 네트워크의 기본은 여러 함수를 조합한 '합성 함수'입니다. 가장 간단한 신경망은 3층 구조입니다. 입력층, 중간층(은닉층), 출력층 이렇게 세 가지입니다. 입력층에서 데이터를 받고, 출력층에서 결과를 출력합니다. 입력된 데이터는 노드를 지날 때마다 다양한 처리를 거쳐 최종 결과를 출력합니다.

은닉층의 수가 늘어날수록 복잡한 데이터를 처리할 수 있게 되는데, 은닉층이 두 개 이상인 신경망(심층 신경망)을 딥러닝이라고 합니다.

■ 뉴럴 네트워크

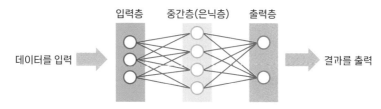

● 딥러닝의 대표적인 방법

이미지와 언어의 차이점은 무엇일까요? 가장 큰 차이점은 이미지에서는 가로 세로 대각선으로 픽셀이 인접하게 연결되어 있는 반면, 언어는 앞뒤로 연결된 '시퀀스'라는 점입니다.

이미지에는 이미지의, 언어에는 언어의, 적절한 방식이 있습니다. 그래서 딥러닝에서는 그때그때 상황에 맞는 적절한 방법을 여러 가지로 고민합니다.

● 콘볼루션 신경망

콘볼루션 신경망(Convolutional Neural Network)는 주로 이미지 인식에서 사용됩니다. 줄여서 CNN이라고 불리기도 합니다.

이미지에 필터를 적용하기 위해 기존에는 그림과 같이 '합성곱(Convolution)'으로 처리해 왔습니다. 이는 이미지를 작은 '패치'로 나누고, 패치의 위치를 이동시키면서 처리하는 방법입니다. 필터도 '행렬'로 표현되는 경우가 많기에 픽셀 행렬과 필터 행렬의 연산이 됩니다. 이 필터를 분석 또는 변환을 위한 함수로 만든 것이 콘볼루션 신경망입니다.

■ 콘볼루션 신경망

화소의 일부(패치)를 조금씩 이동시키면서 해석한다

화소의 일부(패치)를 조금씩 이동시키면서 해석한다

● 순환 신경망

순환 신경망(Recurrent Neural Network)은 줄여서 RNN이라고 불리는 뉴럴 네트워크의 일종입니다. RNN은 시계열을 다루므로 주로 자연 언어나 음석 인식 분야에서 사용됩니다.

언어는 앞에서 뒤로 이어지는데, 수식어가 앞 단어에 달린 경우나 영어를 국어로 번역하는 경우 등은 '하나 있다', '하나도 없다'와 같이 어미가 긍정인지 부정인지에 따라 문장의 의미가 달라집니다. 그래서 뒤 단어의 분석 결과를 앞 단어의 분석에 추가하여 분석을 반복하고, 분석 결과가 변하지 않으면 분석 완료라는 방법을 취합니다.

■ 순환 신경망

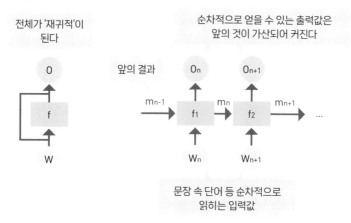

● LSTM

LSTM은 장단기 기억 장치(Long Short-Term Memory)를 의미하며, '기억 기능을 가진 RNN'이라고 할 수 있습니다.

RNN에서 위험한 점은 너무 오래된 분석 결과가 분석을 반복할수록 다른 결과와 혼동될 수 있다는 점입니다. 그래서 뉴럴 네트워크이 가 유닛에 정보를 저장할 수 있는 구조를 가진 RNN의 개량 버전이 고안되었습니다. 모든 유닛의 정보를 장기간 보유하면 부하가 너무 커지기 때문에 일정한 규칙에 따라 보유 정보를 지웁니다. 이 규칙은 '게이트'에 비유되며, 기억 기능을 가진 RNN을 '게이트형 RNN'이라고 합니다. 새로운 데이터를 얼마나 사용할지 결정하는 입력 게이트, 어떤 데이터를 버릴지(잊어버릴지) 결정하는 망각 게이트, 어떤 정보를 출력할지를 결정하는 출력 게이트의 세 가지가 자주 사용됩니다.

■ LSTM

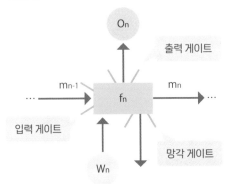

또한 CNN, RNN, LSTM 등을 처음부터 직접 구축할 필요가 없습니다. Python 등의 AI 라이브러리에서 그대로 사용할 수 있도록 되어 있어서 실제적인 문제는 하이퍼 파라미터를 결정하는 것뿐입니다.

정리

- 딥러닝에서는 이미지나 언어를 다루는 경우가 많다.
- 뉴럴 네트워크란 데이터 처리를 뇌신경 회로에 비유한 AI 모델이다.
- 뉴럴 네트워크는 '입력층'과 '출력층' 사이에 최소 하나의 '중간층'을 지니는 구조이다.
- 이미지 인식에는 콘볼루션 신경망이 적합하다.
- 자연 언어에는 순환 신경망이 적합하다.

42 | AI 모델 성능 검증하기

만든 AI 모델은 파라미터를 조정하여 성능을 향상시킬 수 있습니다. 성능 향상을 위해 여러 가지 파라미터가 다른 AI 모델을 만들어 어떤 것이 더 나은지 실제로 확인하면서 조정합니다.

● 파라미터 조정을 위한 검증

AI 모델을 만드는 흐름은 크게 AI 모델 학습과 평가, 두 가지 과정으로 나뉩니다. 하지만 실제로는 학습과 평가 사이에 검증을 통해 하이퍼 파라미터를 조정하는 과정이 들어갑니다.

검증과 테스트를 혼동하기 쉽지만, 검증은 AI 모델이 출력한 결과가 요구사항을 제대로 충족하는지 확인하고 AI 모델을 수정하거나 하이퍼 파라미터를 조정합니다. AI 모델에는 학습으로 결정할 수 없는 요소가 있기에 하이퍼 파라미터의 설정과 조정이 없이는 불가능한 경우가 대부분입니다. 하이퍼 파라미터는 AI 모델의 기반이 되는 알고리즘을 만든 후, 검증 데이터를 통해 시행착오를 거치면서 조정해 나갑니다.

■ AI 모델의 성능 검증

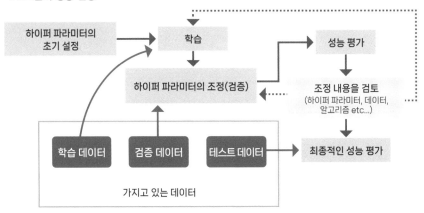

○ 범화 성능(汎化性能)

범화 성능이란 학습이 완료된 AI 모델에 미지의 데이터를 넣었을 때, 어느 정도 정확도가 나오는지를 나타내는 성능 평가입니다. 범화 성능을 확인할 때는 학습에 사용한 데이터와는 다른 검증 데이터를 사용합니다. 또한 검증이 끝나고 최종적인 정확도를 평가할 때는 테스터 데이터를 사용합니다.

학습을 시작하기 전에 수집한 데이터를 목적별로 나눠 두어야 합니다. 데이터를 어떻게 나눌지는 데이터량과 검증 방법에 따라 달라집니다.

■ 검증을 위해 데이터 나누기

○ 데이터 리키지에 주의한다

AI 모델의 범화 성능을 평가할 때 '데이터 리키지(Data leakage)'라 불리는 오류에 주의해야 합니다. 학습용ㆍ검증용ㆍ테스트용 데이터가 명확하게 분리되어 있지 않을 때, 테스트 데이터로 평가하면 당연히 좋은 성능을 얻을 수밖에 없습니다. 학습 데이터의 일부를 테스트 데이터로 사용하는 초보적인 실수부터 시작하여, 학습 데이터와 테스트 데이터를 포함하여 정규화를 하는 경우에도 정규화 과정(평균을 구하는 등)에 테스트 데이터의 정보가 섞여서 이러한 문제가 발생합니다.

○ 하이퍼 파라미터의 조정

학습 전 또는 학습 직후의 AI 모델에는 대부분 잠정적인 하이퍼 파라미터가 설정된 경우가 많습니다. 데이터량에 따른 검증 방법으로 조금씩 하이퍼 파라미터를 조정해 나갑니다.

하이퍼 파라미터 조정은 솔직히 말해서 이 잡듯 샅샅이 조사하는 것으로, 하이퍼 파라미터 값을 여러 가지로 바꿔가며 대응하는 모델을 여러 개 만듭니다. 하이퍼 파라미터가 단순한 상수라면 모델을 재구성할 필요가 없습니다. 반면, 학습 횟수나 샘플 데이터 수집 방법처럼 하이퍼 파라미터가 모델 구축에 직접적으로 관여하는 경우, 새로운 모델을 학습시켜야 합니다.

그 모델에 검증용 데이터셋으로 예측하게 하여 실측값에 가까운 결과를 도출한 모델을 채택합니다. 조정하고자 하는 하이퍼 파라미터의 수가 많으면 많을수록 필요한 검증용 데이터의 수는 많아집니다.

●그리드 서치

하이퍼 파라미터 선택 방법에서, 가장 잘 알려진 것이 '그리드 서치'입니다. 가령 하이퍼 파라미터 A의 값을 A=0.01, 0.1, 1, 10의 네 가지로 비교하고, 필요에 따라 세분화합니다. 하이퍼 파라미터 값이 하나 더 있으면 (A=0.01, B=0.01), (A=0.01, B=0.1), (A=0.01, B=1)…과 같이 2차원 격자(그리드) 형태로 분포하게 됩니다.

●검증에는 시간과 부하가 걸린다

이처럼 검증은 '그냥 한번 해보자'라고 할 수 없을 정도로 시간과 노력이 많이 소요됩니다. 그래서 하이퍼 파라미터를 논리적으로 또는 경험적으로 최대한 적은 횟수의 시도로 발견할 수 있도록 노력합니다.

○ 홀드아웃법

홀드아웃법은 검증 방법 중 하나로, 충분한 데이터 양이 있을 때 사용됩니다. 홀드아웃은 '보류'라는 뜻으로, 전체 데이터에서 검증 데이터와 테스트 데이터를 따로 떼어놓는 것입니다. 일반적으로 학습 데이터는 전체 데이터의 60~70%, 검증 데이터와 테스트 데이터는 각각 전체 데이터의 15~20% 정도를 유지하는 것이 좋습니다.

단, 데이터 수가 수억 개가 넘는 빅데이터를 사용하는 경우, 분리하는 검증 데이터와 테스트 데이터는 몇 퍼센트 정도에 불과할 수도 있습니다.

■ 홀드아웃법

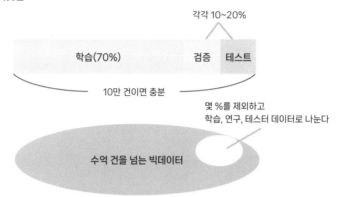

각각 10~20%

학습(70%) 검증 테스트

10만 건이면 충분

몇 %를 제외하고
학습, 연구, 테스터 데이터로 나눈다

수억 건을 넘는 빅데이터

○ 교차 검증

데이터 수가 적으면 검증용 데이터를 구분하기 어려울 수도 있습니다. 이때 사용되는 방법이 바로 '교차 검증'입니다. 모든 데이터가 검증 데이터가 될 수 있도록 학습용과 검증용으로 구분하는 방법을 달리하면서 학습과 검증을 반복하고, 매개변수나 정확도의 평균값으로 평가합니다. 대표적인 두 가지 교차 검증을 소개하겠습니다.

● k-fold(k 분할법)
데이터셋을 k개로 분할하여 그중 하나를 검증용 데이터, 다른 k-1개를 합해서 학습용 데이터로 삼는 방법입니다. k개로 나눈 데이터 중 어떤 데이터를 검증용으로 삼는가로 조합이 k개가 됩니다.
데이터가 적을 때는 k의 수를 4로서 4분할합니다. 이러면 학습용과 검증용 비율이 75:25 비율이 되어, 바람직한 데이터의 비율이 완성됩니다. 데이터 수가 많아서 그 이상 분할할 수 있는 경우에도 최대 10 정도를 기준으로 하며, 더 분할할 수 있을 정도로 데이터량이 있다면 처음부터 검증용 데이터를 미리 빼두는 편이 좋습니다.

■ k-fold

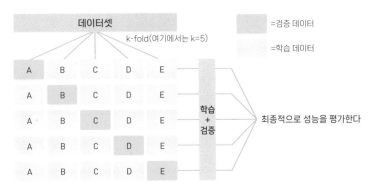

● Leave-one-out(하나만 빼는 방법)

'하나만 뺀다'는 말대로, 데이터셋에서 테스트 데이터를 제외한 남은 데이터에서 한 개씩 순서대로 데이터를 빼서 이를 검증용으로 삼으면서 남은 데이터로 학습하는 방법입니다. 모든 데이터를 한 번씩 검증용으로 사용하기 때문에 k-fold보다 정확도가 높다고 하지만 검증 횟수가 많아집니다. 데이터가 100개라면 100번 검증해야 하기 때문입니다. 이 방법은 오히려 통계적 분포와 같은 분석 해답을 가정한 AI 모델의 검증에 사용됩니다.

 정리

▶ AI 프로젝트의 성패는 데이터를 다루는 방식에 크게 좌우된다

▶ 하이퍼 파라미터는 검증 데이터를 이용하여 평가하면서 시행착오를 거쳐 결정한다.

▶ 데이터량이 충분할 때는 홀드아웃 검증을 이용한다.

▶ 데이터량이 적을 때는 k-fold 등의 교차 검증을 이용한다.

43 AI 모델 성능 평가하기

'좋은 AI 시스템'이란 정확도가 높다는 것을 의미합니다. '정확도 99%'와 같은 광고 문구나 'SLA(서비스 수준 보장)'도 있지만, 애초에 정확도란 무엇인지, 구체적으로 어떤 것을 요구하는지 살펴보겠습니다.

● 평가 지수를 구하기 위한 결과 분류

AI 모델의 성능을 평가할 때 **혼동 행렬(Confusion matrix)**이 자주 사용됩니다.
아래와 같은 행렬로 표현되며, T와 F는 각각 True(참)와 False(거짓), P와 N은 각각 Positive(양성)와 Negative(음성)를 나타냅니다.

- **진양성(TP)** : 정답인 것을 정답으로 판정
- **진음성(TN)** : 틀린 것을 틀린 것으로 판정
- **위양성(FP)** : 틀린 것을 옳은 것으로 판정
- **위음성(FN)** : 정답인 것을 오답으로 판정

▪혼동 행렬

	P로 예측	N으로 예측
실제로 P다	TP	FN
실제로 N이다	FP	TN

가령, 수신된 메일이 스팸인지 판단할 때, 스팸 메일을 스팸 메일로 판단하면 TP, 스팸 메일이 아닌 메일을 스팸 메일이 아닌 것으로 판단하면 TN이 됩니다. 반대로 스팸 메일이 아닌 메일을 스팸 메일로 판단하면 FP, 스팸 메일을 스팸 메일이 아닌 것으로 판단하면 FN이 됩니다.

◯ AI 모델의 성능을 평가하는 평가지수

TP, TN, FP, FN을 이용하여 평가 지수를 구할 수 있습니다. 여기서는 대표적인 5가지 지수를 설명하겠습니다.

● 정확률(Accuracy)

$$정확률 = \frac{TP + TN}{TP + TN + FP + FN}$$

데이터 총수에 대해 올바르게 평가할 수 있는(즉, 예측과 실제가 같았다) 데이터의 비율을 나타냅니다.

● 재현율(Recall)

$$재현율 = \frac{TP}{TP + FN}$$

양성인 데이터에 대해 양성으로 판단할 수 있는 데이터의 비율을 나타냅니다. 가령, 실제 스팸 메일 중 스팸 메일이라고 판단할 수 있는 비율을 묻는 것입니다. '스팸 메일을 놓치고 싶지 않다(FN)'고 생각하는 경우 중요하게 생각하는 지표입니다.

● 적합률(Precision)

$$적합률 = \frac{TP}{TP + FP}$$

양성이라고 판단한 데이터에 대해 실제로 양성이라고 판단한 데이터의 비율을 나타냅니다. 가령, 스팸으로 판단한 데이터 중 실제로 스팸 메일인 비율을 구할 수 있습니다. 양성인 데이터를 음성으로 판단해도 되지만, 음성인 데이터를 음성(FN)으로 정확하게 판단하고 싶을 때 주목하는 지표입니다. '정답으로 판단한 데이터가 실제로 몇 퍼센트나 정답이었는지'를 나타내므로 '정확도'라고 부르기도 합니다.

$$특이도 = \frac{TN}{FP + TN}$$

음성인 데이터에 대해 실제로 음성이라고 판단한 경우, 즉 음성성을 나타냅니다.
'스팸이 아닌 메일을 스팸이 아니라고 판단한다(TN)' 같은 경우에 중요시하는 지표
입니다.

● F값

$$F값 = \frac{2 \times 재현율 \times 적합률}{재현율 + 적합률}$$

지수를 평가할 때 정답률은 그다지 중요하게 여기지 않습니다. 왜냐하면 적합도의
'양성을 놓치지 않아야 한다', 재현율의 '음성이 섞이지 않아야 한다'는 관점을 중요
시하는 경우가 많기 때문입니다.

양성을 놓치지 않기 위해 음성이 섞이는 것은 어쩔 수 없는 일이고, 음성을 완전히
배제하려면 양성이 섞이는 것도 어쩔 수 없는 일입니다. 적합도와 재현율은 서로 상
충되기 때문에 두 가지의 균형을 맞추기 위해 적합도와 재현율의 조화 평균이 자주
사용됩니다. 이를 F값(F1 점수)이라고 합니다.

○ ROC 곡선

ROC 곡선은 오보율을 가로축, 재현율을 세로축으로 한 곡선입니다. 판정 방법이 적
절한 지 여부를 파악하는 데 사용됩니다.

오보율은 FPR(False Positive Rate, 위양성률), 재현률은 일명 TPR(True Positive Rate, 진
양성률)이라고도 하며, TPR=FPR(ROC 곡선이 45도 각도의 직선이 될 때) '오보율 1/2'의
상태가 되어 결과를 신뢰할 수 없는 상태가 됩니다. FPR이 작고 TPR이 클수록 정
확도가 높다고 할 수 있습니다. 정량적으로는 ROC 곡선 아래쪽 영역의 면적(AUC,
Area Under Curve)의 크기가 1에 가까울수록 정확도가 높다고 판단할 수 있습니다.

ROC 곡선에서 오해하기 쉬운 것은 세로축의 값이 커서 마치 어떤 절대적인 숫자가

많은 것처럼 생각하기 쉽다는 것입니다. 이는 '비율'을 비교하는 것이지, 절대값의 크고 작음을 비교하는 것이 아닙니다. 오히려 양 끝의 영역은 '총수가 적어서 분리가 잘 안 되는' 상태를 나타낸다고 생각해야 합니다.

■ ROC 곡선

무엇이 찍혀 있는가

$$FPR = \frac{FP}{TN + FP}$$

ROC 곡선의 예

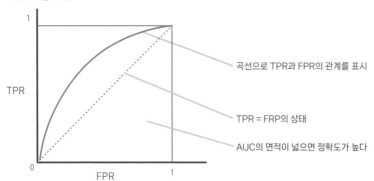

TPR

FPR

곡선으로 TPR과 FPR의 관계를 표시

TPR = FRP의 상태

AUC의 면적이 넓으면 정확도가 높다

📝 정리

▶ AI 모델의 분석 결과를 진양성(TP), 진음성(TN), 위양성(FP), 위음성(FN) 등 네 패턴으로 나타낸다

▶ 평가 지수에는 정확률, 재현율, 적합률, 특이도, F값이 있다

▶ 적합률과 재현율은 상충되기 때문에 양자의 조화 평균인 F값이 자주 사용된다

44 너무 높은 정확도는 과학습을 의심해야 한다

정확도가 나오지 않는 AI 모델도 문제지만, 비정상적으로 높은 정확도를 보이는 경우도 주의해야 합니다. 과학습이 의심되기 때문입니다. 과학습이 어떤 상황에서 발생하며, 어떻게 피할 수 있는지 살펴보겠습니다.

○ 범용성이 낮은 과학습

과학습은 학습 데이터에 대해서는 높은 정확도가 나오지만, 검증 데이터나 테스트 데이터 등 미지의 데이터에 대해서는 정확도가 낮아지는 상태입니다. 즉, 범화 성능이 낮은 상태라고 할 수 있습니다. 학습 데이터의 양이 적거나, 하이퍼 파라미터의 조정이 부족하거나, 변수가 많은 경우에 발생합니다.

○ 학습 데이터를 늘려서 피하기

과학습을 피하는 방법 중 하나는 학습 데이터를 늘리는 것입니다. 학습 데이터가 많아지면 그만큼 데이터의 경향을 파악할 수 있게 됩니다. 하지만 데이터 수가 적거나, 데이터 확보가 어렵거나, AI 모델 자체가 복잡하다면 정규화나 드롭아웃 등의 방법을 이용합니다.

● 정규화

정규화란 어떤 데이터에 가중치를 부여하여 분석이나 예측 결과에 미치는 영향을 줄이는 것을 말합니다. 가중치를 부여하여 특징량을 취사 선택하는 **L1 정규화** 방식과 데이터의 크기에 따라 가중치를 부여하는 **L2 정규화** 방식 등 두 가지가 있습니다.

■ **정규화의 예**

특징량 벡터 X = [x0, x1, ...xn]에 라벨이 달려 있습니다.
모델로서 가장 간단한 생각이 벡터 W=(w0, w1, ...wn)이라고 하면

⬇ 라벨은 다음과 같이 구할 수 있습니다

$$y = WX + e(W)$$

e(W)는 오차로, W를 결정하는 방법에 따라 커지기도 작아지기도 합니다.
e(W)를 최소로 하는 것이 모델의 최적화인데,
이때 W에 제약을 가합니다.

L1 정규화의 경우

각 wi의 절대치의 합($\sum_{i=0}^{n} |w_i|$)가 일정치를 넘지 않는다고 칩시다.

그러면 모델은 각 w0, w1...wn을 가능한 한 작게 만들기 위해서 일부를 0으로 합니다.
wm이 0이 되었을 경우 특정량 xm이 0이 되므로, 이 특징량은 모델로 고려되지 않게
됩니다.

L2 정규화의 경우

wi의 절대치 대신 2승을 계산($\sum_{i=0}^{n} (w_i)^2$)하여 제약을 가합니다.

특정량의 취사 선택이 아니라 가중치를 부여함으로써 2승하면 미분 가능해져서
최소 · 최대를 고려할 수 있습니다.

● 드롭아웃

신경망에서 과학습을 피하기 위해 **드롭아웃(Dropout)**이라는 방법을 사용합니다.
각 층에서 일부 유닛을 무작위로 선택해 해당 유닛을 통과하지 않도록(비활성화) 합
니다. 무작위이기 때문에 학습을 반복할 때마다 비활성화하는 유닛이 달라집니다.
이렇게 해서 모든 데이터에 맞추려는 학습의 움직임을 방해하는 것입니다. 이것이
바로 위에서 말한 데이터의 취사선택을 통한 정규화입니다.

■ 드롭아웃의 예

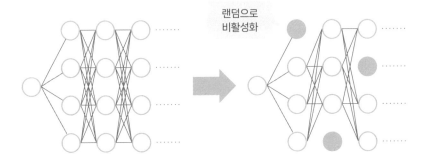

랜덤으로
비활성화

정리

▶ AI 모델의 정확도가 지나치게 높을 경우 과학습일 가능성이 있다

▶ 과학습을 피하는 방법으로 학습 데이터 늘리기, 정규화, 드롭아웃 등이 있다

▶ 정규화 방법에는 L1 정규화, L2 정규화가 있다

45 데이터가 적은 경우

지금까지의 설명을 통해 데이터가 적으면 여러 가지 문제가 발생한다는 것을 알 수 있었습니다. 여기에서는 왜 데이터가 적은지, 데이터가 적을 때 어떻게 데이터를 늘릴 수 있는지에 대해 설명하겠습니다.

● 수집 데이터가 적어지는 이유

'데이터가 적으면 수집하면 되지 않느냐'고 생각하기 쉽지만 그것이 어려운 몇 가지 이유가 있습니다.

● 데이터 수집에 드는 비용

언어 처리나 이미지 인식에서 수집하고자 하는 데이터의 저작권이 타인에게 있어서 사용료를 지불해야 하는 경우, 정보 수집 시스템이 클라우드 상에 있어서 통신이나 데이터 축적에 사용료가 발생하는 경우 등이 이에 해당합니다.

또한 질병이나 사건의 피해 정보 등 데이터가 개인 정보나 개인의 심리와 관련되어 있어서 데이터 제공에 동의하는 사람이 많지 않은 경우도 있습니다.

● 데이터 수집에 위험이 따른다

사고나 재난을 예측하기 위해 위험한 현장에서 데이터를 수집할 때는 시간이나 출입 가능한 장소에 제한이 생길 수 있습니다.

● PoC를 빨리 구축하고 싶다

현재로서는 'AI 모델에는 대량의 양질의 데이터가 필요하다'는 인식이 아직 고객들에게 널리 퍼져 있지 않습니다. 따라서 데이터 축적량은 적지만, 고객의 동기를 떨어뜨리지 않기 위해 PoC를 조기에 구축하고 그 사이에 데이터를 쌓아두는 정책을 취하는 경우도 있습니다. 이러한 프로젝트에서는 적은 데이터로도 정확하고 거짓 없는 AI 모델을 보여주어 고객의 신뢰를 얻어야 합니다.

○ 공개된 학습 데이터 활용하기

생각처럼 데이터가 모이지 않을 때는 학습용으로 제공되는 데이터셋을 활용하는 경우가 있습니다. 대표적인 것으로 아이리스 데이터셋과 MNIST가 있습니다.

● 아이리스 데이터셋

학습용, 벤치마킹용 데이터셋으로 유명한 아이리스 데이터셋(Iris data set)은 세 종류의 아이리스(붓꽃과)를 각각 50개씩 선정하여 '꽃잎 길이', '꽃잎 너비', '꽃받침 길이', '꽃받침 너비'를 기록한 총 150개의 데이터로 구성되어 있습니다.

이 데이터는 AI를 위해 만들어진 것이 아니라 1936년 한 학자가 통계적 분류를 목적으로 발표한 데이터입니다. 학습 데이터와 테스트 데이터를 어떻게 선택하는가, 네 가지 데이터 중 어느 하나 또는 여러 데이터로 분류하는가 등 모델을 어떻게 만들었느냐에 따라 분류 정확도가 달라지는 매우 유용한 샘플입니다.

아이리스 데이터셋은 Scikit-learn의 데이터셋에 포함되어 있으며, 설치하여 사용할 수 있습니다.

● MNIST

마찬가지로 유명한 데이터셋으로 MNIST라는 손글씨 숫자 이미지 데이터셋이 있습니다. 미국의 연구소 'National Institute of Standards and Technology(NIST)'에서 수집한 데이터를 'Modify(수정했다)'는 뜻으로 MNIST라고 부릅니다. 0~9개의 숫자를 손으로 쓴 샘플은 모두 28×28 픽셀의 이미지 안에 담겨 있습니다. 6만 개는 학습 데이터로, 1만 개는 테스트 데이터로 구성되어 있습니다. 1998년에 발표된 이 데이터는 최신 딥러닝의 성능을 보여주는 벤치마크로도 활용되고 있습니다.

MNIST

https://yann.lecun.com/exdb/mnist/

◉ 데이터가 적을 때의 대처법

170쪽에서 데이터가 적어서 검증 데이터를 확보할 수 없을 때는 교차 검증으로 대처한다고 설명했습니다. 최근에는 검증뿐만 아니라 모델 구축까지 적은 데이터로 가능해졌습니다. 이는 데이터 과학과 딥러닝의 발전으로 적은 데이터에서 많은 정보를 추출할 수 있게 되었기 때문입니다. 다음은 구체적인 대처법 두 가지를 소개하겠습니다.

● 데이터 증강을 통해 데이터를 늘린다

데이터 증강(Data augmentation)은 이미지 인식과 같이 하나의 데이터에 비슷한 정보가 많을 때 사용합니다.

구체적으로 이미지를 약간 평행이동하거나 회전 등 변형하여 새로운 데이터를 생성합니다. 이는 '손글씨'와 같이 어떤 목적(글자 쓰기)으로 생성된 데이터를 별로 많지 않은 클래스(예: 숫자 '0'~'9')로 분류할 때 유용합니다. 다만, 일부 유사한 데이터만 늘어나기 때문에 과학습에 빠지기 쉬워 성능에 영향을 줄 수 있습니다. '손글씨'라 할지라도 심한 변형은 오히려 데이터셋을 오염시킬 수 있기 때문에 주의해야 합니다.

데이터 증강은 과학습이나 이상값 발견을 위해 사용되기도 합니다. 조금만 변형된 데이터에 대해 정확도가 크게 떨어지는 경우, 과학습 또는 이상값이라는 의심이 강해지기 때문입니다.

▪ 데이터 증강의 예

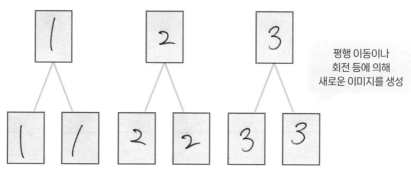

평행 이동이나
회전 등에 의해
새로운 이미지를 생성

◯ 적은 데이터로 학습할 수 있는 전이학습

전이학습은 다른 이미지로 학습된 AI 모델에서 범용적인 인식 능력만 떼어내어 데이터에 고유한 특징으로 학습시킬 부분에 추가하는 것을 말합니다. 이를 통해 손쉽게 AI 모델을 만들 수 있습니다. 신경망은 '계층적'이며, 이미지나 언어의 경우 아래층일수록 기본적인 분석 알고리즘을 가지고 있는 경우가 많기에 이러한 방법이 사용됩니다.

전이학습은 신경망에서 이미지나 언어 인식에 있어서 10건 정도의 적은 학습 데이터로도 높은 정확도로 분류나 판단을 할 수 있어 높은 평가를 받고 있습니다.

■ 전이학습의 기본적인 구조

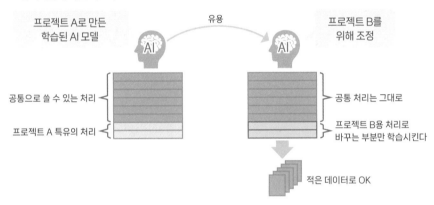

정리

- ▣ 고객의 사정 등 다양한 이유로 데이터를 충분히 수집할 수 없을 수도 있다
- ▣ 아이리시 데이터나 MNIST 등 공개된 학습 데이터가 있다
- ▣ 데이터 증강으로 적은 데이터를 늘릴 수 있다
- ▣ 전이학습을 이용하면 적은 학습 데이터라도 높은 정확도로 분류 및 판정할 수 있다

7장

▼

AI 시스템을
만들다

PoC로 AI 모델의 정확도를 확인했다면 시스템에 AI 모델을 적용시켜 갑니다. AI 시스템은 고객에게 전달하는 최종 제품이 되므로, 고객이 기대하는 결과를 주는 것, 상시 및 장기간의 운용에 견디는 것 등이 필요합니다.

46   PoC 종료 후 제품화까지의 흐름

AI 모델을 시스템에 적용하여 AI 시스템 전체 설계 및 개발을 진행합니다. AI 시스템 전체 개발에는 AI 엔지니어 외에도 백엔드 및 프론트엔드 프로그래머, 인프라 엔지니어가 개발에 참여하게 됩니다.

◯ 요건 정의부터 시작되는 AI 시스템 가동의 길

PoC 다음 단계는 AI 시스템 전체 설계와 개발 과정입니다. 기업마다 세부적인 차이는 있지만, 기본적으로 다음과 같은 흐름으로 진행됩니다.

■ AI 시스템 전체의 설계와 개발의 흐름

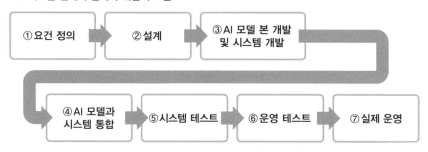

①요건 정의

고객의 요구에 맞춰 AI 엔지니어가 중심이 되어 AI 시스템 전체의 성능, 기능, 운영 방법 등의 요건을 정의합니다. PoC부터 PM이 계속 관여하며, 데이터 수집 방법부터 개선점을 채워나가게 되므로 데이터 사이언티스트도 중요한 역할을 합니다.

AI 시스템의 특징으로 '계산량과 데이터 흐름이 많고 장시간에 걸쳐 진행된다'는 점을 들 수 있습니다. 따라서 클라우드나 온프레미스의 통신 및 계산 부하를 담당하는 인프라 엔지니어와도 협력합니다.

② 설계

요건 정의에 따라 각 기능의 구체적인 사양을 세밀하게 결정합니다. 또한, AI 모델의 업데이트 빈도나 학습 방법 등도 설계합니다(자세한 내용은 200쪽 참조).

AI 시스템의 설계 내용은 데이터 입력 방법, 결과 표시 방법 등 AI 모델과 관련된 부분 외에는 일반적인 웹 시스템이나 스마트폰 애플리케이션의 설계 내용과 거의 같습니다.

운영 환경은 애플리케이션 서버에 디플로이(배치)하는 방법도 있지만, 클라우드 제공업체라면 AI 시스템에 맞게 비용과 부하를 줄일 수 있는 서비스도 있습니다. 어떤 서비스를 이용할지도 설계 단계에서 확정합니다.

③ AI 모델 본 개발 및 시스템 개발

설계를 바탕으로 프로그램을 작성하고 AI 모델과 AI 시스템 개발을 진행합니다.

프로젝트가 소규모라면, PoC에서 만든 AI 모델을 그대로 사용하기도 합니다. AI 모델에서 사용하는 수학 알고리즘은 PoC에서 만든 알고리즘을 그대로 활용하고, AI 엔지니어가 데이터 처리 방법의 정립과 하이퍼 파라미터 등의 미세 조정을 통해 AI 모델과 AI 시스템 설계에 맞게 AI 모델을 다시 만드는 경우가 많습니다.

또한, AI 모델 본 개발과 동시에 프론트엔드, 백엔드 등 시스템 개발도 병행하며, AI 모델 개발과 시스템 개발 각각에 대해 테스트/피드백을 반복하며 완성도를 높여 나갑니다. 작동하는지 확인한 후, 시스템과의 결합을 진행합니다.

④ AI 모델과 시스템 적용

AI 모델을 시스템에 적용하고, 프론트엔드, 백엔드, 주변기기를 포함해 데이터가 정상적으로 전달되는지 테스트합니다.

이때 프론트엔드, 백엔드, 인프라 엔지니어 등 각 기능을 개발한 담당자들이 협업하여 결합 테스트를 진행합니다. 테스트 결과를 바탕으로 각 담당자가 필요한 수정과 조정을 합니다.

7

AI 시스템을 만들다

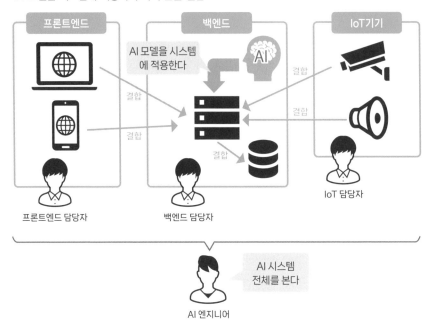

■ AI 모델을 시스템에 적용하여 각 부분을 결합

프론트엔드

백엔드

IoT기기

AI 모델을 시스템
에 적용한다

결합

결합

결합

결합

IoT 담당자

프론트엔드 담당자

백엔드 담당자

AI 시스템
전체를 본다

AI 엔지니어

⑤ 시스템 테스트

데이터 수집부터 결과 표시까지 일련의 과정을 통해 AI 시스템이 요건 정의에 부합
하는지를 확인합니다.

개발자 측에서 진행하는 마지막 테스트이며, 자체적으로 실전에 가까운 환경을 구
축하여 진행합니다. AI 엔지니어 외에도 PM 등 요구사항 정의에 대해 잘 알고 있는
사람이 참여합니다.

⑥ 운영 테스트

고객사에서 진행하는 테스트입니다. 테스트 환경은 고객사의 운영 환경 또는 신중
을 기하기 위해 고객사에서 예비 환경을 준비합니다. 실운영 전 마지막 테스트입
니다.

⑦ 실제 운영

AI 시스템을 실전에서 운영하면서 예상치 못한 데이터가 발생하거나 시간이 지나면서 재조정 및 재학습이 필요한 경우가 있습니다. AI 시스템의 운영 및 유지보수는 고객사나 운영 전문팀이 수행하기도 하지만, 운영 시작 후 일정 기간은 개발 측에서 모니터링 하면서 유지보수를 담당합니다.

■ 운영 전문 팀에 바톤 터치

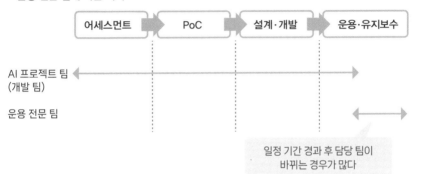

✏️ **정리**

▶ PoC 이후에는 AI 모델을 둘러싼 시스템 전체 설계와 개발 공정에 착수한다

▶ PoC의 AI 모델은 성능 개선과 시스템 적용을 고려하여 본 개발에 착수한다

▶ AI 모델과 시스템 결합 이후에는 각 엔지니어가 연계하면서 테스트한다

▶ 운용 개시 후에도 일정 기간은 개발팀이 감시와 유지보수를 담당한다

47 PoC에서 만든 AI 모델을 실전에 맞게 개선하기

PoC 단계에서 향후 구현 및 운영까지 고려하여 잘 만들어진 AI 모델이라도, 실제 적용을 위해서는 한 단계 더 개선이 필요합니다. PoC와 실제 적용은 서로 다른 환경에서 작동하기 때문입니다.

PoC와 실전용의 차이점

PoC를 잘 짜서 진행하면 좋은 AI 모델을 만들 수 있습니다. 하지만 그 AI 모델을 그대로 실전에 사용할 수 있는 것은 아닙니다. 실전 환경에서 요구되는 기능은 PoC와 달리 더욱 안정적으로 작동해야 하기 때문입니다.

● 부하 차이

PoC나 개발 단계에서는 사용자 수나 데이터 수에 한계가 있습니다. 그러나 실전 환경에서 운영하면 불특정 다수가 상시 입력하게 됩니다. 동시에 접속하는 사용자 수가 많거나 한꺼번에 많은 데이터가 유입되면 부하가 커집니다.

실전 환경에서는 이러한 부하를 견딜 수 있는 AI 모델을 만들어야 합니다.

● 데이터 수집 및 처리 방법의 차이

PoC 단계에서는 대부분 데이터가 그다지 축적되어 있지 않습니다. 그래서 교차 검증이나 데이터 늘리기 등의 노력을 하거나, PoC를 돌리면서 데이터를 늘리는(PoC 사이클마다 데이터 세트의 분포가 조금씩 달라지는) 방식을 취하기도 합니다.

개발을 위해 데이터 수집 방법이나 정리 정책과 기준을 명확히 하고, 가능한 한 많은 데이터를 확보하는 것이 중요합니다. 또한, IoT 기기를 사용한다면 PoC 단계에서는 기기 설치가 불가능하여 실전에서 운영할 때와 동일한 데이터를 확보할 수 없을 때가 있는데, PoC와 개발 단계의 데이터 수집 방법이나 처리 방법이 다를 경우, 그 차이를 고려한 방법을 검토합니다.

■ PoC와 실전의 차이

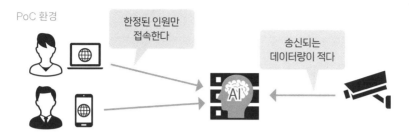

PoC 환경

한정된 인원만
접속한다

송신되는
데이터량이 적다

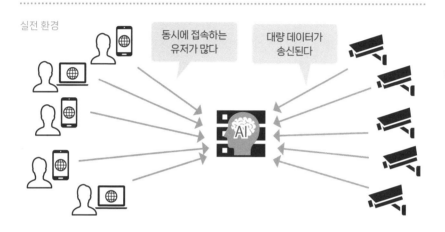

실전 환경

동시에 접속하는
유저가 많다

대량 데이터가
송신된다

○ AI 모델 브러시업

AI 모델을 실전 환경에 맞게 다듬을 때, PoC에서 만든 수학적 알고리즘을 유용하여 조정합니다. 왜냐하면 수학적 알고리즘을 변경하면 동작이 크게 달라져 PoC의 의미가 없어지기 때문입니다. 가령 다음과 같이 조정합니다.

● 하이퍼 파라미터 재검토

AI 모델 개선에서 가장 중요한 것은 하이퍼 파라미터 조정입니다. PoC 때보다 더 정교한 데이터로 AI 모델의 목적을 가장 잘 달성할 수 있도록 재조정하는 것입니다. 가령 적합률과 재현율 중 어느 쪽을 유지할지, 편향과 분산 중 어느 쪽을 줄일지 등입니다.

189

● 하드코딩을 변수로 대체

PoC 단계에서 계수, 하이퍼 파라미터, 로그 메시지 등의 수치를 프로그램에 그대로
입력했다면 나중에 수정하기 쉽도록 별도의 속성 파일이나 XML 파일 등에 작성하
여 불러오게 만듭니다.

● 프로그램 내용 재검토

수학적 알고리즘은 바꾸지 않더라도 이를 프로그래밍으로 어떻게 기술하는가는 변
경의 여지가 있을 수 있습니다. 객체 지향인지 함수 지향인지, C 언어에 내장할 수
있는 형태로 할 것인지 등이 가장 대표적인 예입니다.

● 시스템과의 통합을 고려한 구조 정리

PoC 단계에서는 프로그램 생성이 복잡해도 결과물만 좋으면 괜찮다고 생각할 수도
있습니다.
그러나 시스템과의 통합을 고려한다면, AI 모델의 프로그램은 가능한 한 처리를 정
리하여 가독성을 높여야 합니다. 왜냐하면 운영 시작 후 AI 모델 부분에 대한 문제
해결이나 업데이트가 필요할 때 시스템 곳곳을 수정하면 비용(인력, 시간)이 많이 들
기 때문입니다. AI 모델 부분은 모듈화하여 다른 시스템과 API를 통해 연동되도록
합니다.
이 API는 프레임워크처럼 라이브러리로 가져오거나, 애플리케이션 서버의 별도 사
이트에 두어 엔드포인트를 제공하고, 시스템에서는 GET, POST 등의 HTTP 메소
드로 접근합니다.

● 개발 단계에서의 AI 모델 검증

실전 환경에서 운영할 AI 모델을 개발할 때는 정확도가 높아야 합니다. 뿐만 아니라
동작이 효율적이고 안정적이어야 합니다. 버그가 없는지 확인하면서 테스트와 피드
백을 반복하여 완성해 나갑니다.

API란 무엇인가

API(Application Programming Interface)는 프로그램끼리 서로 정보를 주고받기 위한 인터페이스 또는 그 사양을 말합니다.

원래는 프로그래밍 언어가 가지고 있는 표준 라이브러리 이외의 라이브러리에 의해 정의된 클래스나 함수, 메소드 등을 가리켜 API라고 불렀습니다. 예를 들어, Java에 대한 Swing이나 JDBC, Ruby에 대한 Ruby on Rails, TypeScript에 대한 Angular와 같은 '프레임워크 API'가 대표적입니다. 그런 의미에서 AI 모델은 프레임워크로서 시스템과 같은 위치에 있습니다. 거기서 API를 불러와서 예측을 위한 함수나 메소드를 사용하게 됩니다.

하지만 최근에는 클라우드 서비스가 활성화되면서 프론트엔드와 데이터를 주고받는 서버와 AI 모델의 처리를 실행하는 서버를 분리하는 경우가 많아졌습니다. 이 경우 시스템에서 엔드포인트 URL에 HTTP REST 명령어로 접속하여 Base64 인코딩이나 JSON 형식의 데이터만 주고받습니다. 따라서 그냥 'API'라 할 때 'Web API'와 'REST API'를 가리키는 경우가 있습니다.

7

AI 시스템을 만들다

정리

▷ PoC와 실전 운영의 가장 큰 차이점은 동시 접속자 수와 데이터량이다

▷ AI 모델의 수학적 알고리즘은 PoC 단계부터 활용한다.

▷ 개발 단계에서는 데이터 수집 및 정리 방법도 개선한다.

▷ 실전 운영 환경에서 운영하기 위해 가장 중요한 개선점은 하이퍼 파라미터의 조정이다

48 | AI 시스템 구축하기

완성된 AI 모델을 포함한 AI 시스템은 어떤 모듈의 조합으로 구성될까요? 대표적인 몇 가지 사례를 소개하겠습니다.

◉ AI 시스템의 전체 구성

먼저 웹 페이지나 스마트폰 앱에서 문자나 이미지를 입력하면 어떤 결과를 보여주는 AI 시스템의 전체 구성 예시를 살펴보겠습니다.

■ AI 시스템의 전체 구성 예시

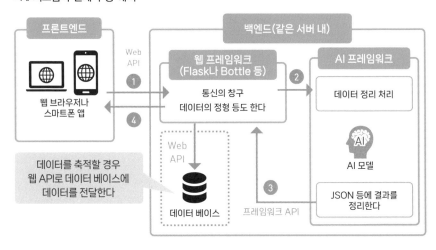

① 이용자가 웹 페이지나 스마트폰 앱 등에서 데이터(채팅 메시지, 분석하고자 하는 이미지나 글 등)를 입력한다.

② 웹 프레임워크가 입력된 데이터를 받아 AI 프레임워크에 데이터를 보낸다.

③ AI 프레임워크 내 AI 모델에서 계산한 결과를 웹 프레임워크로 다시 전송한다.

④ 결과를 웹 프레임워크에서 웹 페이지나 스마트폰 앱으로 전송한다.

● 프론트엔드

사용자가 조작하는 프론트엔드는 HTML로 작성된 웹 폼이나 iOS/안드로이드 프레임워크로 작성된 앱입니다. 프론트엔드는 웹 프레임워크와 '웹 API'로 소통합니다.

● 백엔드

백엔드 서버에는 웹 프레임워크와 AI 프레임워크가 이용됩니다. 웹 프레임워크는 프론트엔드와의 통신을 받는 부분으로, AI 프레임워크의 대부분이 Python으로 작성되기 때문에 AI 시스템의 웹 프레임워크는 Python으로 작성된 Flask를 사용하게 됩니다. Python으로 작성된 Flask나 Bottle 등이 많이 사용됩니다. 프론트엔드에서 받은 데이터를 AI 프레임워크에 전달하고, AI 프레임워크에서 결과를 받아 프론트엔드에 전달합니다.

위에서 설명한 AI 시스템 전체 구성 예시에서는 웹 프레임워크와 AI 프레임워크가 동일한 하나의 웹 애플리케이션 안에 있는 상태로 설정되어 있습니다. 이러한 구성에서는 '프레임워크 API'를 통해 웹 프레임워크와 AI 프레임워크가 소통합니다.

웹 프레임워크와 AI 프레임워크를 별도의 서버로 분리하는 구성이라면, 둘 간의 소통에 웹 API를 이용하기도 합니다. 또한, 분석 결과를 축적하는 경우 웹 API를 통해 데이터베이스에 접속하여 데이터를 저장하도록 구성합니다.

■ 웹 프레임워크와 AI 프레임워크를 넣는 서버를 나눌 경우

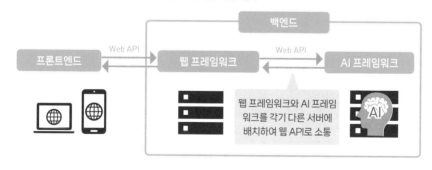

● AI 시스템을 클라우드에 배치하기

여러 대의 웹 서버나 대용량 파일 서버 등 고비용의 환경이 필요하거나, 자체 개발이 아닌 범용 AI 서비스를 사용하고자 하는 경우 등에 AI 시스템을 클라우드에 설치하는 경우가 있습니다.

클라우드 환경에 설치한다면 클라우드 제공자로부터 받는 서비스의 종류에 따라 클라우드 환경에 OS부터 설치할지, 특정 처리만 만들 것인지 등 필요한 작업 내용이 달라집니다.

● AI용 서비스 이용하기

클라우드에서는 AI 애플리케이션의 제작과 운영에 특화된 서비스가 제공되고 있습니다.

가령 4장에서도 소개한 AWS의 'Amazon SageMaker'라는 서비스(84쪽 참조)는 AI 모델 생성, AI 시스템 구축, Amazon EC2의 서버 환경으로 디플로이하는 일까지 원활하게 진행할 수 있습니다.

● FaaS형 서비스 이용하기

최근에는 AI 시스템 구현에 FaaS(서비스형 함수, Function as a Service) 형태의 서비스를 이용하는 사례도 늘고 있습니다. 구체적인 서비스 명칭으로는 AWS의 Lambda, Azure의 Azure Functions 등이 있습니다. FaaS형 서비스는 필요할 때 특정 기능을 자동으로 실행하는 방식입니다. 가령 '프론트엔드에서 이미지가 업로드되면 함수 분석을 실행한다'는 식입니다.

이것이 비용 절감으로 이어지는 이유는 과금 체계에 있습니다. 클라우드에서는 다양한 인스턴스(가상 메모리, 가상 스토리지, 가상 OS 등)에 대해, 사용하는 시간을 초 단위로 계산하여 과금합니다. 따라서 사용하지 않는 인스턴스를 가동하면 불필요한 비용이 발생하게 됩니다.

반면, FaaS형 Lambda 등에서는 처리가 실행될 때만 과금됩니다. 사용 메모리와 함수 처리에 소요된 시간을 기준으로 요금이 산정됩니다. 가령, 이미지를 전달하고 분석 결과를 반환하는 함수가 있다면 1회 호출 시 0.5원, 1만 번 호출 시 5000원 등 사용한 만큼만 과금되기 때문에 비용을 낮출 수 있습니다.

■ AI 시스템의 가동 비용을 절약할 수 있는 FaaS형 서비스

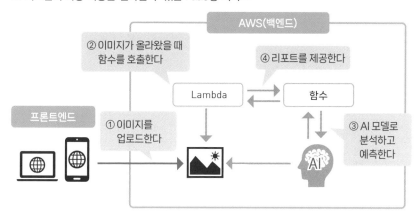

정리

▷ AI 시스템은 사용자가 분석 대상 데이터를 전송하고 분석 결과를 얻을 수 있도록 구성된다

▷ AI 시스템의 기본 구성은 프론트엔드, 웹 프레임워크, AI 프레임워크이다

▷ FaaS형 클라우드 서비스를 이용하면 비용 절감에 도움이 될 수 있다

49 AI 시스템 테스트하기

구축한 AI 시스템을 운영하기 전에 테스트해서 어떤 상황에서든 제대로 작동하는지를 확인해야 합니다. 또한, 부하가 걸렸을 때도 충분히 빠른 속도로 대응할 수 있는지 확인해야 합니다.

○ AI 시스템 테스트

AI 시스템 테스트는 크게 두 가지로 나눌 수 있습니다. 하나는 AI 모델 테스트, 다른 하나는 전체 시스템 테스트입니다.

● AI 모델 테스트

AI 모델 테스트는 AI 모델 자체가 올바른 결과를 내는지 확인하는 일입니다. 여기서는 6장에서 설명한 것처럼 '정확률', '적합률', '재현율' 그리고 이를 시각화한 'ROC 곡선'을 사용합니다.

● 시스템 테스트

시스템 테스트는 AI 시스템뿐 아니라, 시스템 자체가 정상적으로 작동하는지 확인하는 일입니다. 프로그램에는 결함이 있기 마련입니다. 그래서 실제로 몇 가지 데이터를 입력해 잘못된 결과가 나오거나 시스템이 멈추거나 의도하지 않은 동작을 하지 않는지 확인합니다.

○ 다양한 시스템 테스트

시스템 테스트에는 다양한 방법이 있지만, 일반적으로 유닛 테스트, 결합 테스트, 종합 테스트의 순서로 진행하는 것이 일반적입니다. 이 흐름은 일반적인 시스템 개발과 동일합니다.

● 유닛 테스트

프로그램의 처리 단위인 작은 블록(함수, 모듈 등)을 대상으로 오류가 없는지 확인하는 기법입니다. 유닛 테스트는 단위 테스트라고도 합니다. 프로그램에 처리하고자 하는 데이터를 주고 올바른 결과가 나오는지 확인합니다.

유닛 테스트는 '어떤 값을 주었을 때 어떤 결과가 나오는 것이 맞는지'를 테스트 프로그램으로 작성하여 테스트 자체를 자동화하기도 합니다.

■ 유닛 테스트

● 결합 테스트

유닛 테스트가 완료된 함수나 모듈 등을 연결하여 데이터를 주고받는지, 연동된 동작을 하는지 등을 확인합니다. 유닛 테스트와 마찬가지로 자동으로 테스트할 수 있는 부분에 대해서는 자동화하는 것이 바람직합니다.

■ 결합 테스트

데이터 → 함수 A → 함수 B → 함수 C

● 종합 테스트

완성된 시스템에 대해 실제 운영과 동일한 상황에서 프로그램을 실행하여 문제가 없는지 확인합니다. 가령, 사용자가 데이터를 입력했을 때 올바른 결과가 나오는지, 다른 시스템과의 연동이 잘 되는지, 야간에 자동으로 실행되는 프로그램이 제대로 동작하는지 등 모든 과정을 골고루 테스트합니다.

종합 테스트도 자동화하는 것이 바람직하지만, 모든 절차를 자동화하는 프로그램을 만들면 그 자체로 많은 인력이 소요됩니다. 이 때문에 수작업으로 테스트하는 경우도 적지 않습니다.

■ 종합 테스트

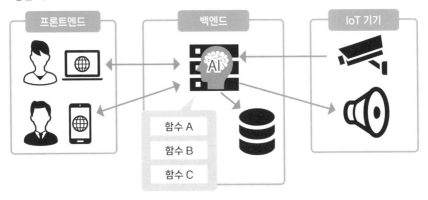

● 부하 테스트

사용자가 많은 시스템이나 많은 데이터를 처리하는 시스템에서는 시스템에 고부하가 걸렸을 때 문제없이 작동하는지, 실용적인 처리 속도 범위 내에서 작동하는지 확인하는 것이 중요합니다.

이를 미리 확인하는 것이 '부하 테스트'입니다. 부하 테스트는 시스템에 동시 접속하는 프로그램을 실제로 실행하고, 일부러 높은 부하를 걸어서 어느 정도까지 부하를 견딜 수 있는지를 확인합니다. 스트레스 테스트라고도 합니다.

■ 부하 테스트

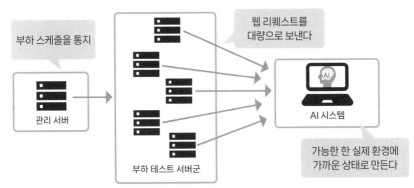

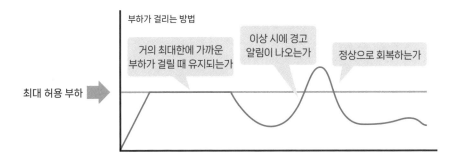

부하 테스트의 유명한 도구로 오픈 소스인 JMeter가 있습니다. 이는 웹 시스템에 부하를 걸 수 있는 도구로, 여러 스레드를 만들어 여러 사용자의 접속을 재현해 시스템에 얼마나 많은 부하가 걸리는지 실시간으로 모니터링할 수 있습니다.

AI 시스템을 실제로 투입하기 전, 최소한 프로덕션 환경의 사용자 수와 데이터 수를 가정한 부하 테스트를 해야 합니다. '테스트 시 소수의 유저만 사용했을 때는 문제가 없었는데, 막상 실전에서 다수의 유저가 사용하려고 하니 전혀 작동이 안 됐다'는 상황이 발생하지 않도록 해야 합니다.

JMeter

https://jmeter.apache.org/

정리

▸ AI 시스템에서도 일반 시스템 테스트와 비슷한 테스트를 한다

▸ 시스템 테스트에서는 유닛 테스트, 결합 테스트, 종합 테스트 순으로 테스트 범위를 넓힌다

▸ 실제 운영 전에 시스템에 과감하게 부하를 걸어 동작을 확인하고 개선하는 부하 테스트도 실시한다

50 | AI 모델 업데이트 방법 알아보기

데이터는 생물이기 때문에 쓰면 쓸수록 경향이 변할 수 있습니다. 정확도 확보를 고려하면 처음 만든 AI 모델을 영원히 사용할 수는 없습니다. 정확도를 유지하려면 AI 모델 업데이트가 필요합니다.

○ AI 모델 업데이트가 필요한 이유

처음 만든 AI 모델은 시스템 납품 시 학습시킨 데이터를 기반으로 만든 것입니다. 시간이 지남에 따라 데이터의 경향은 변하게 마련입니다. 가령 매출 예측을 하는 AI 모델을 예로 든다면, 방문자 수나 상품 품목 수가 달라질 수 있고 경기 등 외부 요인에 따라 변동이 있을 수 있습니다. 따라서 처음 만든 AI 모델을 계속 사용하면 정확도가 떨어집니다. 정확도를 유지하고 더 높이기 위해서는 적절한 시점에 AI 모델을 업데이트해야 합니다.

AI 모델 업데이트는 데이터를 다시 학습하고 최근 데이터에 맞게 매개변수를 조정하는 것을 말합니다. 이를 '재학습'이라고도 합니다.

단, AI 모델 업데이트에 신규로 구축할 때와 동일한 노력이 필요하다면 신규 안건으로 대응하기도 합니다. 따라서 어느 정도의 대응(어느 파라미터, 알고리즘의 어느 부분 등)이 운영 및 유지보수에서 업데이트 작업에 포함되는지, 요건 정의 단계에서 명확히 해야 합니다.

○ AI 모델 업데이트 기법

AI 모델 업데이트에는 몇 가지 방법이 있습니다.

● 배치 학습

학습 대상 데이터를 모두 일괄적으로 학습하는 방법입니다. 수집된 데이터를 일괄적으로 재학습하고, 새로 학습시킨 AI 모델을 기존 AI 모델과 교체하는 방식입니다. 배치 학습의 장점은 AI 모델을 만들 때 처음 학습시켰던 방식과 동일하기에, 구현할 때 새롭게 고려해야 할 사항이 없다는 점입니다.

반면, 모든 것을 한꺼번에 학습시켜야 하기에 메모리를 많이 소모하고 계산 능력도 필요합니다. 하지만 시스템 운영과는 다른 머신에서 학습할 수 있기에, 배치 학습 시에만 고성능 머신을 준비하면 처리 능력의 문제는 피할 수 있습니다.

■ 배치 학습

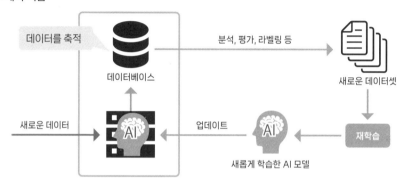

● 온라인 학습

학습 데이터가 들어올 때마다 그때그때 AI 모델을 업데이트하는 방법입니다. 온라인 학습의 장점은 새로운 데이터를 그 자리에서 바로 학습할 수 있다는 점입니다. 반면, 온라인 학습에 대응하는 AI 모델은 제한적이며, 항상 사용할 수 있는 것은 아닙니다.

온라인 학습에는 다양한 알고리즘이 존재합니다. 하지만 개념적으로는 새로운 데이터가 주어졌을 때 그 데이터가 정답일 확률을 높이고, 전체 균형을 유지하기 위해 분포가 변하지 않도록 파라미터를 조정하는 방식입니다.

온라인 학습에서는 AI 모델이 실시간으로 업데이트되기 때문에 검증이 어렵다는 단점이 있습니다. 결과가 안정적이지 않거나 예상치 못한 결과가 나올 가능성도 있습니다. 따라서 온라인 학습의 용도는 '데이터를 얻을 때마다 학습을 하고 싶고, 동시에 메모리 소비를 줄이고 싶다'와 같은 제한적인 용도로만 사용합니다. 가령, 스팸을 판별하는 AI에서 사용자가 '스팸으로 판단했는지 아닌지'를 학습하는 등 간단한 경우입니다.

■ 온라인 학습

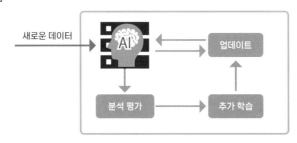

●미니 배치 학습

데이터를 분할하여 각 단위로 묶어서 학습하는 방식으로, 배치 학습과 온라인 학습의 중간 단계에 해당합니다.

딥러닝에서는 미니 배치를 이용한 방법이 고안되어 널리 사용되고 있습니다.

■ 미니 배치 학습

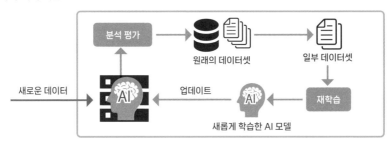

◯ AI 모델 업데이트 빈도

온라인 학습이나 미니 배치 학습은 AI 시스템 자체에 재학습 메커니즘을 도입하는 방식입니다. 따라서 시스템을 운영하면 지속적으로 새로운 데이터를 수집하여 AI 모델을 재학습할 수 있습니다. 이를 통해 AI 모델이 자동으로 성장합니다.

반면, 배치 학습을 채택하면 AI 모델을 수작업으로 업데이트해야 하는데, AI 모델의 업데이트 주기는 분석 대상과 기대하는 정확도에 따라 달라질 수 있습니다.

업데이트 주기가 길어지면 오래된 학습 데이터로 판단하게 되므로, AI 모델의 정확도가 떨어집니다. 반면 재학습에는 학습을 위한 비용(계산 비용 및 학습을 시키는 인력의 충원)이 듭니다. AI 모델을 업데이트한다는 것은 당연히 요구되는 정확도가 나오는지 재확인하는 일이기 때문에 그에 대한 수고도 듭니다. 또한, AI 모델 업데이트를 기점으로 결과가 크게 달라지면 운영 현장에 혼란이 생길 수 있기에, 그런 일이 없도록 고려(또는 현장 설명)해야 합니다.

결론적으로 AI 모델 업데이트는 정확도가 떨어지지 않는다면, 너무 자주 하지 않는 것이 좋습니다. 초기에는 어느 정도 기간이 지나면 정확도가 떨어질 수 있기에 정확도를 평가하면서 운용하고, 정확도가 낮아지는 시점을 기준으로 주기적으로 변경하는 등 업데이트 주기를 정하는 것이 좋습니다.

■ AI 모델 업데이트 빈도

무엇을 중시할 것인가

정확도 저하에 의한 손해 / 재학습 비용

안건 정의, 학습, 평가

납품 ── 재학습 결정 ── 다음 재학습

기준이 되는 기간

✏️ **정리**

▶ 운용을 시작하고 일정 시간이 지나면 AI 모델의 재학습이 필요하다

▶ 재학습은 데이터를 새롭게 하는 배치 학습과 새로운 데이터를 추가하는 온라인 학습이 있다

▶ 정확도 유지의 필요성과 재학습의 비용을 비교하면서 최적의 재학습 시기를 결정해야 한다

유저의 조작이 필요한 테스트를 자동화하기

종합 테스트에서는 사용자가 실제로 버튼을 클릭하거나 텍스트를 입력하는 등의 조작을 하면서 결과를 확인합니다. 이러한 확인 작업을 수작업으로 진행하기란 쉽지 않습니다.

그래서 최근에는 테스트를 자동화하기 위해 RPA 툴을 사용하기도 합니다. 프로그램으로 자동화하는 경우, 웹 브라우저의 사용자 인터페이스를 조작할 수 있는 Selenium과 같은 도구가 많이 이용됩니다.

Selenium 공식 사이트
https://www.selenium.dev/

8장

AI 시스템의 운용

일반적인 IT 시스템과 마찬가지로 AI 시스템도 유지보수·운
용이 필수적입니다. 또한 AI 시스템의 운용은 고장에 대한 대
응뿐 아니라, 증대하는 데이터에 대한 대응 외에도 시간의 경
과에 따라 저하하는 AI 모델의 정확도에 대한 대처도 필요합
니다. 8장에서는 AI 시스템의 운용에는 어떠한 대응이 필요한
지 살펴봅니다.

51 │ 시스템 운용

AI 시스템을 운영하다 보면 네트워크나 서버에 장애가 발생할 수 있기에 적절한 유지보수 운용이 필수적입니다. 또한, AI 모델이 일정한 정확도를 유지할 수 있도록 대응하는 것도 필요합니다.

● 시스템 운용이란?

시스템 운용은 서버, 네트워크 등의 인프라와 그곳에서 동작하는 애플리케이션, 서비스 등 모든 구성요소가 멈추지 않도록 적절한 유지관리를 하는 것을 말합니다. 시스템 운용에서는 크게 다음 세 가지 작업을 수행합니다.

- 모니터링
- 백업
- 유지보수

이런 작업은 일반적으로 AI 엔지니어가 아닌 인프라 엔지니어가 담당합니다. 하지만 인프라 엔지니어는 시스템이 어떻게 사용되는지 모릅니다. 따라서 어떻게 유지 · 관리할지에 대한 지시는 AI 엔지니어가 해야 합니다.

● 모니터링

시스템에 이상이 없는지 모니터링 합니다. 이상은 통신 차단, 서버 정지, 디스크 이상, 용량 부족, 부하율 증가 등 다양한 패턴이 있습니다. 인간의 눈으로 모든 것을 확인하기란 불가능하기에 모니터링해야 할 포인트를 설정한 모니터링 소프트웨어를 도입하여 이상 발생 시 관리자에게 알림을 보내도록 합니다.

이상 징후가 발생하면 즉시 원인을 파악해 문제 해결에 나섭니다. 환경에 따라서는 심야 시간대에도 인프라 엔지니어가 돌아가며 대응하기도 합니다. 데이터센터나 클라우드를 이용하는 경우, 모니터링의 일부를 전문 사업자에게 맡길 수도 있습니다.

● 백업

디스크 장애 등으로 데이터가 유실될 경우를 대비하여 백업하는 작업입니다. 이 역시 모니터링과 마찬가지로 백업 소프트웨어를 주기적으로 실행하도록 설정하고, 무인으로 운영합니다.

● 유지보수

OS나 애플리케이션을 최신 버전으로 변경하는 작업입니다. 오래된 상태로 계속 사용하게 되면 버그가 발생하거나 보안상 미해결된 약점을 공격당하는 원인이 되므로 정기적인 업데이트가 필수적입니다.

○ AI 시스템별 운용

여기까지는 시스템 전반에 대한 이야기지만, AI 시스템 고유의 운영도 있습니다. 이는 AI 엔지니어가 담당합니다.

● 정확도 모니터링

정확도가 충분히 나오는지 주기적으로 모니터링 합니다. 정확도가 낮을 때는 원본 데이터가 제대로 전송되고 있는지, 결함 등 이상은 없는지 등을 확인하는 한편, 센서나 카메라 등의 이상, 애플리케이션의 결함 등도 조사합니다.

● AI 모델 업데이트

올바른 데이터가 전송되고 기기나 애플리케이션에 문제가 없는데도 점차 정확도가 떨어지는 경우가 있습니다. 이는 시간이 지남에 따라 AI 모델이 데이터 경향과 맞지 않게 되면서 발생했을 수 있습니다. 이를 해결하기 위해서는 재학습을 하거나 현재 상황에 맞게 매개변수를 조정해야 합니다.

■ AI 시스템의 운용

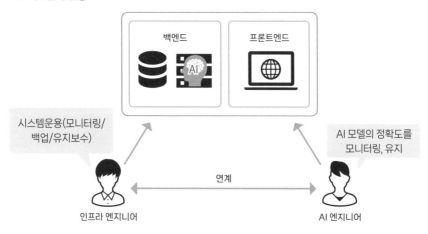

백엔드   프론트엔드

시스템운용(모니터링/
백업/유지보수)

AI 모델의 정확도를
모니터링, 유지

연계

인프라 엔지니어   AI 엔지니어

● 시스템 업데이트

AI 시스템을 운영하다 보면 시스템을 업데이트해야 할 때가 있습니다. 주로 다음 두 가지 패턴으로 나뉩니다.

●수명 경과

서버나 네트워크 장비, 사용 중인 소프트웨어가 노후화되어 이를 업데이트해야 하는 경우입니다. 주로 인프라 엔지니어가 주축이 되어 업데이트 계획을 세우지만, 업데이트 시 AI 시스템 자체를 새로운 장비나 소프트웨어에 대응할 수 있도록 업데이트하기도 합니다. 따라서 AI 엔지니어와 프로젝트 매니저, 그리고 고객과 함께 세부적인 내용을 구체화해 나갑니다.

●새로운 기능 추가

고객의 요청에 따라 새로운 기능을 추가하는 경우입니다. 이 경우 신규 개발 때와 마찬가지로 프로젝트 매니저가 고객과의 창구가 되어 진행합니다.

운용 중인 AI 시스템에 새로운 기능을 추가하기 위해서는 실제 환경에서 운영 중인 AI 시스템을 일시적으로 중단하고 새로운 기능을 반영하여 재시작하는 것이 일반적입니다. 하지만 고객의 요구나 AI 시스템의 서비스 내용에 따라 중단 없이 새로운 기능을 추가해야 할 수도 있습니다. 또한, 추가 기능 적용 시 기존 부분도 그대로 사용할 수 있도록 데이터 복사, 변환 등이 필요할 수도 있어서 도입 계획을 세심하게 짜야 합니다.

⬤ 새로운 AI 시스템 개발로

AI 시스템 운영에 따라 수집된 데이터는 해당 기업의 자산입니다. 따라서 AI 시스템을 업데이트하는 형태가 아닌, 다른 관점에서 데이터를 분석하는 AI 시스템을 만드는 등 새로운 프로젝트가 시작되기도 합니다.

■ 추가적인 데이터 활용

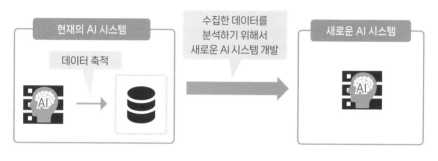

✎ **정리**

▶ AI 시스템 운용에는 모니터링, 백업, 유지보수가 필수이다

▶ 일정한 정확도가 나올 수 있도록 모니터링과 AI 모델 업데이트를 수행해야 한다

▶ AI 시스템은 수명이 다할 때 외에도 고객의 요청에 따라 업데이트할 수 있다

52 AI 시스템 모니터링으로 이상 유무 확인하기

AI 시스템 운용에서 시스템 모니터링은 필수적입니다. 센서나 카메라를 사용하는 시스템에서는 위치나 각도가 바뀌면 정확도가 크게 떨어질 수도 있습니다.

● 시스템으로서의 이상

AI 시스템은 업무 시스템의 일종에 불과합니다. 업무 시스템 운용에서는 서버, 네트워크, 스토리지, 데이터베이스 등의 이상이나 소프트웨어의 결함 등으로 인해 이상이 발생할 수 있습니다. 이상이 발생하면 당연히 업무에도 영향을 미칩니다. 이러한 상황을 피해야 하는 것은 일반 업무 시스템과 다르지 않습니다.

■ 시스템을 다중화하여 이상이 생겼을 때 경고 알림 보내기

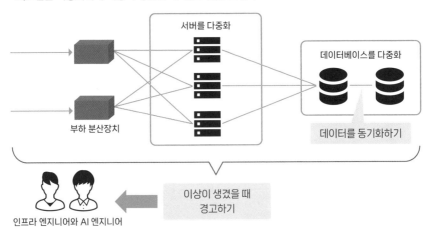

서버와 스토리지, 데이터베이스를 이중화합니다. 그리고 만일의 사태에 대비해 스토리지와 데이터베이스를 백업합니다. 이러한 일반적인 이중화는 AI 시스템에서도 필수입니다. 또한, 사용 불가 시 업무에 큰 지장을 초래하는 시스템의 경우, 네트워크도 백업 회선을 마련해야 합니다.

아무리 대책을 세워도 이상 징후를 아예 없앨 수는 없기에, 이상 징후를 감지하면 이를 즉시 인프라 엔지니어에게 알려주는 시스템도 필요합니다. 이를 위해 모니터링 소프트웨어를 도입합니다.

⬤ AI 시스템 특유의 이상

한편, AI 시스템 특유의 이상도 있는데, AI 시스템의 목적은 데이터를 입력해 예측, 분석 등의 결과를 얻는 것입니다. 그러나 AI 시스템은 운영할수록 예측, 분석 등의 정확도가 점차 떨어지는 것이 일반적입니다. 정확도가 떨어지는 이유는 크게 두 가지로 나뉩니다.

● 데이터 이상

원인 중 하나는 입력 데이터의 이상입니다. 카메라를 사용하는 시스템이라면, 카메라의 방향이나 빛의 방향 등으로 학습 시와 조건이 달라지면 정확한 결과가 안 나올 수 있습니다.

센서도 마찬가지로 센서의 위치나 센서 주변 환경(온도 센서의 경우, 냉난방 방향 등)에 영향을 받을 수 있습니다.

이런 경우, 카메라나 센서를 조정하거나 새로운 환경에서 다시 학습해야 합니다.

● 환경의 변화

또 다른 원인은 환경의 변화입니다. 매출 예측과 같은 AI 시스템에서는 경쟁 매장이 근처에 생기는 등 외부 요인에 의해 방문자 수가 설계 당시와 달라질 수 있습니다. 그런 일이 없더라도 인구나 사람들의 취향 등은 시간이 지남에 따라 변합니다. 설계 당시와 같을 수는 없습니다.

따라서 AI 시스템에서는 운영 시작 시점의 AI 모델을 계속 사용할 수 없습니다. 반년, 1년 단위로 재학습을 하거나 AI 모델을 업데이트하는 등 유지보수가 필요합니다. 이러한 유지보수를 하지 않으면 AI 모델의 예측과 현실은 점점 더 멀어지고 정확도가 떨어지게 됩니다.

211

■ 시간 경과에 따른 변화

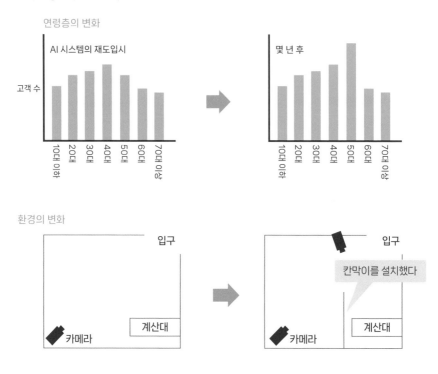

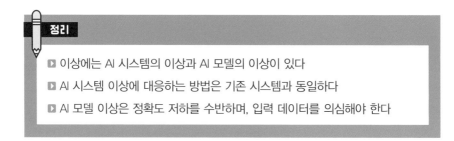

정리

▶ 이상에는 AI 시스템의 이상과 AI 모델의 이상이 있다

▶ AI 시스템 이상에 대응하는 방법은 기존 시스템과 동일하다

▶ AI 모델 이상은 정확도 저하를 수반하며, 입력 데이터를 의심해야 한다

53   AI 모델 업데이트

환경 변화의 영향으로 AI 시스템의 정확도가 떨어지기 때문에 'AI 시스템은 설계하면 끝'이라는 식으로 생각해서는 안 됩니다. 현실은 계속 변하기 때문에 이에 맞춰 AI 시스템도 운영하면서 키워나가야 합니다.

○ AI 모델 업데이트

AI 모델은 시간이 지날수록 노후화되고 정확도가 떨어집니다. 환경의 변화나 데이터 트렌드에 따라 업데이트가 필요합니다.

업데이트 방법에는 크게 두 가지가 있는데, 각각 장단점이 있습니다.

● 일정 기간마다 모델 교체

반년, 1년 등 일정 기간을 두고 AI 모델을 다시 만들어 교체하는 방법이며, 200쪽에서 설명한 배치 학습으로 재학습하여 새롭게 AI 모델을 만들어 업데이트하는 방법입니다.

장점은 초기 도입 때와 동일하게 학습시키기 때문에 교체할 때의 메커니즘을 따로 고민하지 않아도 된다는 점입니다. 단점은 교체 시점에 따라 기존과 결과가 크게 달라질 수 있다는 점입니다. 따라서 성능 검증에 많은 비용이 들 수 있습니다.

● 운용 시 순차적으로 학습하는 방식

운용 시 취득한 데이터를 학습시켜 AI 모델을 지속해서 업데이트하는 방법입니다. 이는 201쪽과 202쪽에서 설명한 온라인 학습이나 미니배치 학습에 해당합니다.

장점은 별도의 유지보수를 하지 않아도 자동으로 즉시 AI 모델에 반영된다는 점인데, 이는 단점이기도 합니다. 왜냐하면 학습하는 시기에 정상값에서 벗어난 값이 들어오면 그 값을 학습하게 되어 성능에 영향을 줄 수 있기 때문입니다.

또 다른 단점은 운용하면서 학습할 수 있는 AI 모델을 선택해야 한다는 점입니다.

모든 AI 모델이 운용하면서 학습할 수 있는 것은 아닙니다. 이용할 수 있는 AI 모델은 한정되어 있습니다. 또한 학습에 시간이 오래 걸리기 때문에 계산 능력이 높은 서버를 사용해야 하는 것도 단점입니다.

○ 트렌드 기간의 데이터를 제외하고 재학습한다

AI 모델의 정확도는 얼마나 적절한 데이터를 입력하느냐에 따라 결정됩니다. 따라서 학습 시에는 노이즈를 제거하거나, 전체에서 벗어난 값을 제외하거나, 결측값을 제거하거나 보정하여 깨끗한 데이터로 만들어서 AI 모델에 넣습니다.

처음 AI 모델을 만들 때는 데이터 전체를 보고 일탈한 데이터가 들어가지 않도록 주의를 기울입니다. 하지만 운영 중에 AI 모델을 업데이트하는 방식을 채택하면 일탈한 데이터가 들어가기 쉬워집니다. 매출 예측 AI 시스템을 예로 들어보면, 매출은 사람의 취향에 크게 좌우됩니다. 어떤 붐이 일어나면 특정 상품만 많이 출하되는 일이 자주 발생하기도 합니다.

운용하면서 AI 모델을 업데이트하는 방식을 채택하는 경우, 유행한 기간 동안의 매출 데이터도 학습하기 때문에 AI 모델의 출력은 유행을 따라가게 됩니다. 하지만 추세가 진정되면 AI 모델의 출력이 현실과 괴리되어 정확도가 떨어집니다.

■ 유행의 영향에 따른 예측값의 괴리

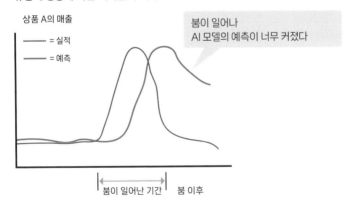

붐이 일어나
AI 모델의 예측이 너무 커졌다

상품 A의 매출
―― = 실적
―― = 예측

붐이 일어난 기간 ┃ 붐 이후

214

이럴 때는 유행 기간의 데이터를 제외하고 재학습해야 합니다. 물론 이를 위해서는 학습 데이터에 대한 모든 이력을 남겨두어야 합니다. 어떤 시점에 어떤 정보를 제외할지는 실제 괴리 상태를 보고 판단합니다.

● AI 모델에 새로운 지식(변수)을 넣는다

AI 시스템을 운영하다 보면 나중에 새로운 파라미터를 추가하고 싶을 때가 있습니다. 예를 들어, 결과에 영향을 미치는 파라미터를 새롭게 알게 되거나, 새로운 센서를 도입하는 등 수집하는 데이터 자체를 추가하기도 합니다.

이럴 때는 새로운 파라미터를 변수로 추가하여 AI 모델을 다시 만들어서 학습을 다시 진행합니다. 이 작업은 그리 어렵지 않습니다. 문제는 새로운 파라미터를 추가하기 전과 후의 학습 데이터의 차이입니다.

새로 학습하는 데이터에 대해서는 문제가 없지만, 과거에 학습한 데이터에 대해서는 고려의 여지가 있습니다. 왜냐하면 과거 학습 데이터는 새로 추가하는 파라미터에 해당하는 값이 없는 결손값이기 때문입니다. 단순히 결손값을 0으로 처리하거나 최빈값을 채택하면 결과가 달라질 수 있습니다.

그래서 취하는 방법은 추가할 파라미터를 예측할 수 있는 AI 모델을 새로 만들고, 이를 통해 과거 데이터에 해당되는 데이터를 넣는 방식입니다. 이렇게 하면 새로운 파라미터를 넣기 전과 후의 결과가 달라지는 것을 방지할 수 있습니다.

■ 과거의 데이터에 추가하는 파라미터를 보충하기 위한 AI 모델을 만든다

	파라미터 A	파라미터 B	파라미터 C	파라미터 X
	5	6	10	?→2
오래된 데이터	8	11	19	?→4
	3	15	4	?→3
	9	15	4	3
새로운 데이터	16	22	50	10
	6	32	19	6
	14	51	22	8

예측값을 채용하다

파라미터 X의 도입

파라미터 A~C에서, 파라미터 X를 구하는
AI 모델을 만든다

정리

▶ 정확도를 떨어뜨리지 않으려면 새로운 사건을 추가 학습하는 운용이 필수
이다

▶ 특정 기간에 값이 크게 차이가 나는 데이터를 넣으면 정확도가 떨어지므로,
제외하여 재학습한다

▶ 재학습을 위해서는 과거 데이터를 모두 기록해 두어야 한다

▶ 새로운 지식을 입력할 때, 과거 데이터의 해당 값은 해당 예상 AI 모델의 출
력값으로 대체하면 좋다

54 AI 시스템이 잘 못하는 부분은 사람이 보완한다

AI 시스템에는 부족한 부분이 있고, 불완전하기에 최종 판단을 맡길 수 없는 경우도 많습니다.
따라서 부족한 부분은 사람이 보완하여 시스템을 잘 활용할 필요가 있습니다.

◯ 인력 절감을 목적으로 한 AI

AI의 장점 중 하나는 사람이 판단하던 부분을 자동화할 수 있다는 점입니다. 자동화가 완벽해져 인력이 전혀 필요 없는 것이 이상적이지만, 아직은 실현되지 않고 있습니다.

AI도 사람처럼 실수할 수 있기에 모든 것을 맡길 수는 없습니다. 기존 업무 시스템 등은 정해진 로직에 따라 움직이기 때문에 로직에 오류가 없으면 100% 완벽하게 작동합니다. 하지만 AI는 계산에 의한 예측일 뿐, 완벽하게 예상대로 판단을 내리는 것은 아니기 때문에 AI 시스템은 어느 정도 자동화를 이루되 최종 판단은 사람이 하는 것으로 생각하는 것이 좋을 수 있습니다.

사람과 협업을 고려하는 경우, 172쪽에서 AI 모델을 평가할 때 사용한 '진양성', '진음성', '위양성', '위음성' 중 어느 것을 중시할 것인지가 중요합니다. 가령, '질병(양성)'인데 '질병이 아니다(음성)'라고 판단되는 '위음성'이 있어서는 안 되는 경우, '질병이 아닌데 질병이 의심된다(위양성)'가 다소 발생해도 어쩔 수 없는 때가 있습니다.

반면, '스팸이 아닌데(음성)' '스팸이다(양성)'라고 판단되는 '위양성' 메일이 자동으로 휴지통으로 보내지면 비즈니스에 지장을 주기에 이때는 '약간의 스팸이 수신함에 섞이는(위음성)' 것도 어쩔 수 없이 감수해야 합니다.

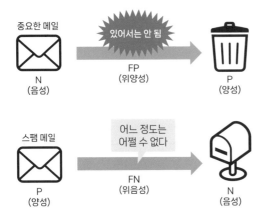

⃝ 빅데이터 시대의 AI

AI의 또 다른 장점은 사람이 알아차리지 못하는 데이터의 분포와 경향을 시각화할 수 있다는 점입니다. 사람이 방대한 양의 변수를 육안으로 보고 경향을 파악하거나 데이터를 예측하고 분류하는 것은 현실적으로 불가능합니다.

이상 징후 탐지가 좋은 예입니다. 시스템의 네트워크 침입 등이 화제가 되는 경우가 있는데, 방대한 통신 기록(로그)에서 침입 흔적을 찾아내는 것은 매우 어렵습니다. 사람이 판단할 수 있는 데이터량이 아니기 때문입니다. 그래서 AI로 통신 기록을 실시간으로 모니터링하고, 이상 징후를 발견하면 사람에게 경고를 보내는 시스템이 도입되고 있습니다. 이런 시스템을 사용하면 사람이 판단해야 하는 일을 크게 줄일 수 있습니다.

전선 손상, 볼트나 너트 풀림 등을 판단하는 데에도 비슷한 방식이 적용되고 있습니다. 기존에는 전문가가 비디오 영상을 보고 판단해야 했지만, 이제는 AI가 판단할 수 있게 되면서 사람이 해야 할 일이 크게 줄어들고 있습니다.

이 외에도 고객의 행동 데이터, 각종 센서에서 들어오는 IoT 데이터 등 빅데이터를 다루는 일이 많아지고 있는데, 이런 데이터를 사람이 일일이 확인하는 것은 불가능합니다. 데이터가 방대해짐에 따라 사람이 데이터 전체를 파악할 수 있도록 대량의 데이터를 분석할 수 있는 AI 시스템이 필수라고 할 수 있습니다.

사람은 AI 시스템이 분석, 예측한 결과를 확인함으로써 효율적으로 빅데이터를 활용할 수 있습니다. 앞으로는 AI와 사람의 협업이 더욱 중요해질 것입니다.

■ **AI 시스템을 활용하여 빅데이터를 분석 · 예측한다**

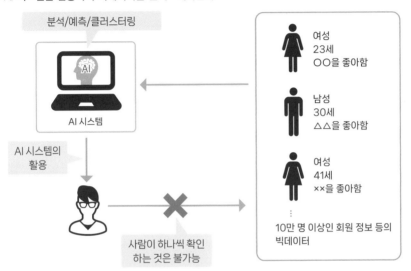

정리

▶ 사람이 작업하기 전에 AI 시스템을 투입하여 배분하면 작업량을 크게 줄일 수 있다

▶ 분류할 때 목적에 따라 '진양성', '진음성', '위양성', '위음성' 중 어떤 것을 중시할 것인지가 중요하다

▶ 빅데이터 분석은 AI 시스템을 활용한다

AWS의 서버 모니터링 도구

AWS에는 AWS에서 구동되는 각 서비스를 모니터링하는 Amazon CloudWatch라는 서비스가 있는데, AI 시스템 운영에 AWS를 이용한다면 매우 유용하게 활용할 수 있습니다.

- AWS에서 사용하고 있는 서비스의 리소스를 모니터링한다.
- AWS에서 이용하고 있는 서비스에서 로그를 수집한다.
- 설정한 조건에 따라 액션을 취한다.

■ Amazon CloudWatch를 이용한 서버 모니터링

Amazon CloudWatch
https://aws.amazon.com/jp/cloudwatch/

9장

AI 엔지니어가
되었다면

AI 엔지니어로서 활약하기 위해서는 조금씩 지식 범위를 넓혀
서 할 수 있는 일을 늘려야 합니다. 9장에서는 시스템 개발에
서 일어날 법한 문제나 실무에서 요구되는 기술 등을 설명하겠
습니다. AI 업계에서는 새로운 정보 기술을 항상 파악해 나가
는 자세가 필요합니다.

55 꾸준히 경험을 쌓자

AI는 최첨단 기술이라는 점에서 화려한 이미지가 있을 수 있습니다. 그러나 자기 몫을 해내는 AI 엔지니어가 되기 위해서는 기존 AI 시스템 운용 및 데이터 집계 등 꾸준한 경험을 쌓아가는 것이 중요합니다.

◉ 다양한 안건을 접한다

'AI 시스템을 개발하는 회사에 입사했다', 'AI 시스템 프로젝트나 개발 부서에 들어 갔다'고 해서 갑자기 신규 AI 시스템 개발 업무를 할 수 있는 것은 아닙니다. 운영 중인 AI 시스템의 튜닝이나 데이터 집계 등 소소한 업무부터 시작하는 경우도 있습니다. 운영 중인 AI 시스템의 튜닝이나 데이터 집계 등을 통해 실제 사용하는 데이터를 다루고, 운영 노하우를 익혀 나가기 바랍니다.

■ AI 시스템 개발 · 운영의 다양한 작업을 통해 노하우를 익힌다

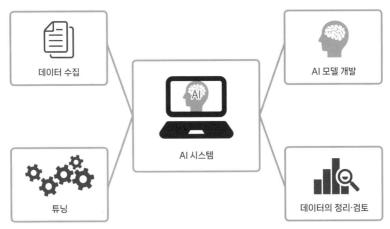

데이터 수집

AI 모델 개발

AI 시스템

튜닝

데이터의 정리·검토

● 방법론 선택은 경험에 따라 달라진다

다수의 AI 프로젝트를 경험하다 보면 '어떤 과제에 어떤 기술을 사용해 왔는지'를 익히게 됩니다. 그러면 점차 '이 과제에는 이 방법이 좋지 않을까'라는 최적의 방법을 원활하게 검토할 수 있게 됩니다. 특히 특징량 엔지니어링에 해당하는 데이터 전처리를 잘하느냐 못하느냐는 이런 경험에 따라 갈리게 됩니다.

실제로 다루는 데이터는 단순하지 않습니다. 다양한 기법을 알고 있다고 해서 최적의 기법을 선택할 수 있는지는 또 다른 문제입니다.

막상 새로운 AI 모델 구축을 고려해야 할 때, 이미지 데이터나 음성 데이터, 언어 데이터에 국한되지 않고, '데이터를 훑어보면 바로 적절한 AI 모델이 떠오르는' 경우는 거의 없습니다. 데이터 집계나 통계적 결과를 검토하고, 거기에 어떤 특징이 더해질지 고민하는 것이 중요합니다. 어떤 기법이 가장 적합한지, 어떤 기법을 조합할지, 학습용 데이터를 어디까지 정제할 지, 어떤 데이터셋을 갖춰야 더 효과적일지······. 이러한 선택은 경험에 따라 크게 좌우됩니다.

● 업무를 진행하면서 겪는 어려움

실무에서는 생각만큼 데이터를 얻지 못할 수도 있고, 사내외를 막론하고 AI 시스템 개발에 참여하는 구성원들과의 소통에 어려움을 겪을 수도 있습니다. 이후부터는 실무에서 발생하기 쉬운 문제와 현장에서 요구되는 기술에 대해 설명하겠습니다.

정리

- ▣ 운영 중인 AI 시스템을 통해 노하우를 배운다
- ▣ 데이터 전처리 능력은 경험에 달려 있다
- ▣ 현실 데이터는 복잡하기 때문에 최적의 기법을 선택하는 데에도 많은 경험이 필요하다

56 이상적 데이터와 현실적 데이터 파악하기

독학이나 학교 등에서 다루는 데이터는 대부분 이상적이고 깨끗한 데이터를 다루는 경우가 많습니다. 하지만 업무에서 다루는 데이터는 이상적인 상태일 수 없습니다. 실무에서는 깔끔하지 못한 데이터와도 마주해야 합니다.

● 현실에 존재하는 데이터

AI 시스템에는 대량의 학습 데이터나 실사용 데이터가 필수적입니다. 하지만 충분한 양의 데이터가 모이지 않거나, 데이터는 많지만 '깔끔하지 않은' 데이터가 많은 경우 등 개발 현장에서는 다양한 문제가 발생합니다. 이럴 때는 수집한 데이터를 바탕으로 상황에 맞게 대응해야 합니다.

● 기존 데이터의 질이 낮을 때

AI 모델 제작을 위해 수집할 데이터의 기준을 만들고, 그 기준에 따라 데이터를 수집할 수 있다면 실용적인 데이터 세트를 만들 수 있습니다. 하지만 이미 운영 중인 시스템 등에서 수집된 데이터를 활용하는 경우, 수집된 데이터가 반드시 '깔끔한' 상태라 할 수는 없습니다. 가령, 이미지의 경우 다음과 같은 데이터는 '깔끔하지 못한' 데이터라고 할 수 있습니다.

- 흐릿하다.
- 배경이 헷갈린다.
- 검은색과 흰색이 뭉개져 있다.
- 왜곡되어 있다.
- 전체가 찍혀 있지 않다.
- 거친 노이즈가 포함되어 있다.
- 개인 정보를 덮어서 감추거나 흐릿하게 처리되어 있다.

● 데이터 클렌징

학습용 데이터를 준비할 때, 데이터 변환이나 불필요한 부분의 삭제와 같은 클렌징 작업이 이루어집니다. 하지만 이미지의 배경을 지우고 분석해야 할 부분만 강조하려다 보면, 예상치 못한 곳에서 혼란을 겪을 수 있습니다.

한 이미지 인식 논문에서 아래 그림과 같은 '개 얼굴 클로즈업'과 '건포도 스펀지 케이크 클로즈업'이 혼동되는 문제를 다뤄 화제가 된 적이 있습니다. 네 다리와 꼬리를 포함한 강아지의 전신 이미지와 접시에 담긴 스펀지 케이크 이미지라면 틀리지 않을 것입니다. 사람도 헷갈리는 데이터는 AI에게 주어서는 안 됩니다. 반대로 자주 틀리는 것을 학습시키는 등 데이터를 다루는 방식을 바꾸는 것이 중요합니다.

■ 개와 건포도 케이크

 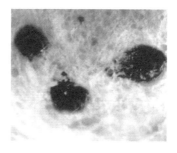

○ 데이터 자체가 없다

AI 시스템을 도입했지만 고객의 사정으로 인해 충분한 데이터를 수집하지 못하는 경우가 있습니다. 고객과 잘 협의하여 데이터 제공을 유도할 수 있다면 좋겠지만, 불가능하다면 적은 데이터로 분석할 수밖에 없습니다.

정리

▶ 언제나 다루기 쉽고 깨끗한 데이터를 수집할 수 있는 것은 아니다

▶ 데이터에 따라 처리 방식과 정리 방법을 달리해야 한다

▶ 고객 사정에 따라 적은 데이터로 분석할 수도 있다

57 대규모 데이터를 다루려면 인프라에 대한 지식이 필수

AI 시스템은 대량의 데이터를 다루기 때문에 네트워크 및 데이터베이스 구축에 있어 인프라 엔지니어와의 협력이 필수입니다. AI 시스템을 처음부터 구축할 때 인프라에 대한 지식이 필요한 때가 있습니다.

● 인프라 지식의 필요성

기업이나 프로젝트에 따라 다르지만, 대부분 인프라 구축과 운영을 담당하는 인프라 엔지니어가 있습니다. 인프라 엔지니어에게 작업을 의뢰할 때, AI 시스템에 필요한 정보를 전달하기 위해서는 AI 엔지니어도 인프라에 대한 지식이 있는 것이 바람직합니다.

이미지, 음성, 동영상 등의 데이터를 다루는 경우, 데이터를 저장하는 서버나 네트워크 등에 유의해야 합니다. 또한 동시 접속자 수, 접속 속도, 데이터 백업 빈도 등 다양한 요구에 따라 필요한 인프라가 달라질 수 있습니다. 따라서 AI 엔지니어는 최적의 인프라를 구축하기 위해 인프라 엔지니어에게 정확한 설명을 해야 합니다.

■ 인프라에 관한 것은 인프라 엔지니어에게 작업을 의뢰한다

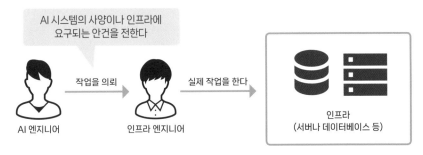

AI 시스템의 사양이나 인프라에 요구되는 안건을 전한다

작업을 의뢰　　실제 작업을 한다

AI 엔지니어　　인프라 엔지니어　　인프라 (서버나 데이터베이스 등)

◯ 클라우드 활용

128쪽과 194쪽에서 설명했듯이 최근에는 AWS(Amazon Web Service), GCP(Google Cloud Platform) 등의 클라우드를 이용하여 인프라를 구축하는 경우가 많아졌습니다. 번거로운 관리는 자동으로 해주지만, 그렇다고 코드를 작성하고 실행하기만 하면 되는 것은 아닙니다. 클라우드에서도 직접 관리해야 하는 부분이 있습니다. 또한, 서비스 사용 시간이나 사용량에 따라 요금이 부과되기 때문에 비용적인 측면을 고려하면서 인프라에 대한 부담을 고려하고, 서비스 사용 방법을 고민하여 AI 모델을 구축하는 것도 중요합니다.

● 서비스의 분류

클라우드에서 자주 사용하는 용어가 IaaS, PaaS, SaaS, FaaS 입니다. 머리 글자에 따라 어떤 클라우드 서비스를 제공하는지 알 수 있습니다.

■ 클라우드 서비스의 분류

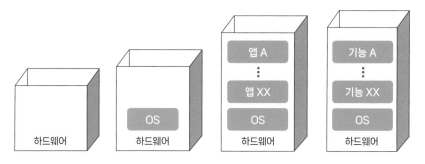

IaaS (Infrastructure as a Service)	PaaS (Platform as a Service)	SaaS (Software as a Service)	FaaS (Functions as a Service)
		서비스(애플리케이션)	펑션(기능)
	플랫폼(OS)	플랫폼(OS)	플랫폼(OS)
하드웨어(인프라)	하드웨어(인프라)	하드웨어(인프라)	하드웨어(인프라)

그중에서도 FaaS는 펑션(Function)이라는 특정 처리만 수행하는 서비스입니다. 이용자가 서버의 존재를 의식하지 않는다는 의미에서 '서버리스'라고도 하며, AI에서는 '사진을 업로드하면 사진에 사람이 있는지 판단한다', '음성을 업로드하면 텍스트로 변환해서 돌려준다'와 같은 기능 단위의 구현에 사용됩니다.

■ 각 클라우드 서비스의 특징

IaaS	· 유연성이 가장 크다. · OS나 앱 등을 스스로 구축해야 한다. · 운용 관리의 수고가 든다.
PaaS	· 한정된 범위 안에서 설정 변경 등이 가능하다. · 작동시키고 싶은 앱을 설치하기만 하면 끝이다. · 운용 관리를 어느 정도, 클라우드 벤더에 맡길 수 있다.
SaaS	· 애플리케이션 식을 빌린다. 정해진 구성에서만 사용할 수 있다. · 이용할 유저 등록만으로 곧바로 쓸 수 있다. · 운용 관리는 클라우드 벤더에 맡길 수 있다.
FaaS	· 좋아하는 기능을 작동시킬 수 있지만, 개발 방법을 FaaS의 관례에 맞추어 만들어야 한다. · 실행하고자 하는 기능을 얹기만 하면 쓸 수 있다. · 서버는 유지보수 불필요. 스스로 관리할 필요는 없다.

● 프로세서

AI 모델의 학습과 예측을 위해 프로세서를 사용합니다. 일반적으로 프로세서라고 하면 프로그램을 처리하는 CPU를 떠올리기 쉽지만, 최근에는 'AI에는 GPU가 필요하다'는 인식이 확산하고 있습니다. GPU는 이미지 처리를 위해 벡터 연산을 고속·병렬로 수행하는 데 특화된 프로세서로, 원래는 3D 처리 등에 특화된 비디오 카드에 탑재된 것입니다. GPU의 연산 방식이 이미지뿐만 아니라 범용적인 수치 연산 처리에도 사용할 수 있기 때문에 AI 학습에 활용되고 있습니다. 최근에는 GPU 외에도 AI 연산에 특화된 프로세서 개발이 주목받고 있습니다.

클라우드에서는 GPU를 범용 연산 장치로 계산 등에 사용할 수 있는 '인스턴스(가상 머신)'를 사용할 수도 있습니다. 처리 속도가 크게 향상되어 AI 모델의 학습 시간을 단축할 수 있지만, 사용료가 발생하기 때문에 예산에 맞는지 여부를 판단하는 것이 중요합니다.

● 인메모리 데이터베이스

빅데이터 처리를 지원하는 인프라 기술로, 데이터베이스에 저장된 데이터와 프로그램 등을 모두 메인 메모리에 보관하고 처리하는 **인메모리 데이터베이스**가 있습니다. 검색이 잦은 데이터를 메모리에 배치해 접근 속도를 높입니다. 딥러닝으로 학습에 시간이 오래 걸리는 경우, 인메모리 데이터베이스를 도입하는 것도 하나의 해결책이 될 수 있다있습니다.

● 부하 분산, 스케일링

클라우드는 네트워크를 통해 데이터를 전송하기 때문에 트래픽을 분산시키거나 CPU, GPU, 메모리 등 가상 하드웨어의 규모를 키워야 하는 경우가 있습니다. 클라우드에는 이러한 기능이 탑재된 서비스도 제공되므로, AI 프로젝트를 위한 서비스를 선택할 때 다루는 데이터와 알고리즘의 규모에 따라 고려하는 것이 좋습니다.

✏️ **정리**

▶ AI 엔지니어도 인프라 지식이 필요하다

▶ 클라우드를 활용해 AI 시스템 인프라를 구축할 수 있다

▶ 처리 속도를 높이고 싶다면 인메모리 데이터베이스, 부하 분산, 스케일링 등의 기술도 고려해야 한다

58   고객의 기대치 조정하기

고객은 AI 기술로 무엇을 할 수 있고 무엇을 할 수 없는지 잘 모르는 경우가 많습니다. 고객의 기대치를 조정하고 함께 문제 해결을 위해 노력하겠다는 뜻을 전달하는 것도 AI 엔지니어가 해야 할 일 중 하나입니다.

● 할 수 있는 것과 할 수 없는 것 설명하기

AI는 최첨단 기술로 무엇이든 해결할 수 있는 기술이라고 과도한 기대를 하는 고객도 적지 않습니다. 고객으로부터 해결하고자 하는 과제를 듣고 있을 때나 PoC 결과를 전달할 때, AI 기술로 할 수 있는 것과 할 수 없는 것을 잘 설명하는 것이 중요합니다.

AI 시스템 사양을 검토하는 단계에서 고객이 가지고 있는 과제를 정리하고, 어디까지를 AI 시스템이 보조하고 어디부터 고객이 고민하고 작업해야 하는지를 명확히 해야 합니다. 가령, AI 시스템에서는 분석과 예측까지만 하고, 예측을 바탕으로 한 경영 전략이나 판단까지는 하지 않는 것 등입니다. 고객 입장에서는 쉽게 실현할 수 있을 것 같지만, 분석가나 기술자 입장에서는 어려운 경우도 있기에 그때그때 알기 쉽게 설명해줘야 합니다.

■ 무엇을 실현할지 조율한다

AI 도입으로 공장의 생산 라인 인원을 0으로 만들고 싶어요.

작업에 따라서는 AI보다 사람이
효율적인 경우도 있어요.

인력이 부족해서 가능한 한 인원을 줄이고 싶어서요.

공장의 생산 라인의 흐름과 인원 배치에 대해 생각해 보세요.
함께 효율을 유지하면서 인력을 줄일 수 있는
시스템을 만들어 가시죠.

데이터 사이언티스트
(혹은 PM이나 AI 엔지니어)

고객

반대로 숙련된 기술자가 아니면 어려운 작업에 대해서는 AI 시스템에 대한 기대치가 매우 낮아 도입을 검토조차 하지 않는 경우도 있습니다. 이럴 때는 프로토 타입을 만들어서 AI 시스템으로도 가능하다는 것을 어필할 필요가 있습니다.

● 목적 달성을 위한 경로를 고객과 함께 고민한다

의견 청취의 첫 단계에서는 고객이 가지고 있는 목적이 모호하고, 고객 스스로도 '이런 일을 하고 싶다'는 바람을 잘 모르는 경우가 많습니다. 청취 과정에서는 이를 명확히 할 필요가 있습니다. 어떤 문제를 해결하고 싶은지, 생각했던 문제가 아닌 다른 문제가 있는 것은 아닌지, 다른 관점이 있는 것은 아닌지 등을 정리하고 문제를 세분화해 나갑니다. 이때 전문용어를 사용하면 한 마디로 끝날 수 있는 내용이라도 고객에게 잘 전달될 수 있도록 세심하게 설명하는 기술도 필요합니다(232쪽 참조) 또한, 'AI는 어디까지나 수단일 뿐, AI 자체가 목적이 아니다' 라는 자세를 유지하는 것이 중요합니다. 때로는 '현재로서는 이 과정은 AI 시스템이 아닌 사람이 하는 것이 더 낫다'는 판단을 내릴 수도 있습니다. 최종적으로 문제를 해결하기 위해 필요한 AI 시스템 전체와 학습해야 할 데이터의 내용과 양 등을 고객이 이해할 수 있도록 전달해야 합니다.

정리

- ▣ 고객에 따라서는 AI 시스템에 과도한 기대를 하는 경우가 있다. 필요한 경우, AI 기술로 실현할 수 없는 것을 전달해야 한다
- ▣ AI 기술에 대한 기대가 적은 고객에게는 프로토타입 등을 보여주며 AI 기술로 실현 가능한 것을 전달한다
- ▣ 고객과 함께 과제를 철저히 분석하여 해결의 길을 함께 고민한다

59 비즈니스 스킬을 습득한다

AI 시스템 개발에는 사내외를 막론하고 많은 인력이 관여합니다. 커뮤니케이션을 하면서 개발을 진행하기 위해서는 AI 기술, 애플리케이션 기술과 함께 비즈니스 스킬도 필요합니다.

● AI 엔지니어에게 필요한 비즈니스 스킬 3가지

4장에서 'AI 엔지니어는 AI 스킬과 애플리케이션 개발 기술(스킬)이 필요하다'고 설명했습니다. 이는 어디까지나 AI 시스템을 만들기 위해 필요한 기술적 스킬이며, 업무 수행에 필요한 비즈니스 스킬 중 하나일 뿐입니다. 비즈니스 스킬은 '테크니컬 스킬', '휴먼 스킬', '콘셉추얼 스킬' 등 세 가지로 분류됩니다.

■ 비즈니스 스킬

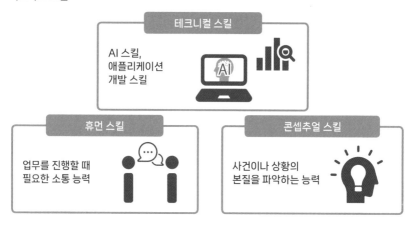

테크니컬 스킬만 높다고 해서 AI 시스템을 개발할 수는 없습니다. AI 시스템 개발은 팀 단위로 이루어지기 때문에 업무를 수행하기 위해서는 기술력뿐만 아니라 비즈니스 스킬도 함께 갖추어야 합니다.

휴먼 스킬은 업무를 수행하기 위해 필요한 커뮤니케이션 능력입니다. AI 시스템을 개발할 때 고객이나 프로젝트 구성원 간의 회의 등 상대방의 의견을 듣거나 자신의 의견을 전달해야 하는 경우가 있습니다. 상대방의 의견과 생각을 이끌어내는 능력과 자신의 의견과 생각을 전달하는 능력이 필요합니다.

● 상대방의 의견과 생각을 이끌어내는 힘

단순히 상대방의 이야기를 듣는 것만으로는 고객이 원하는 AI 시스템을 개발할 수 없습니다. '왜○○을 원하는지', '왜○○이라고 생각하는지'를 파악하는 것이 중요합니다.

가령 제조업에서 A~E라는 5단계의 작업 공정 중 A~C 공정에 AI 시스템을 도입하고 싶다는 고객이 있다고 가정해 보겠습니다. 그 이야기를 그대로 받아들여 A~C 공정에 AI 시스템을 검토하려고 해서는 안 됩니다. '왜 A~C 공정에 AI 시스템을 도입하고 싶은가' 라는 근본적인 이유를 물어야 합니다. 작업 효율화, 인력 부족 해소 등 다양한 이유가 나올 것입니다. 그 결과, 정말 문제를 해결하려면 A~C 공정이 아닌 D~E 공정에 AI 시스템을 도입하는 것이 더 나은 경우도 있습니다.

● 자신의 의견과 생각을 전달하는 능력

자신의 의견을 말하는 것만으로는 상대방에게 전달된 것이 아닙니다. AI 엔지니어뿐만 아니라 IT 업계에서는 일반인이 보기에 생소한 전문용어를 사용하는 경우가 있습니다. 하지만 그런 전문용어는 상대방이 잘 모를 수 있기에 알기 쉬운 표현으로 전달해야 합니다.

또한, '왜 그렇게 하고 싶은지', '왜 그렇게 생각했는지'의 '왜' 부분, 즉 이유를 전달하는 것도 중요합니다. 이유를 이해시켜야 상대방의 공감을 이끌어낼 수 있습니다. 또한, 이유를 전달함으로써 상대방의 다른 방법이나 의견을 이끌어내는 데에도 도움이 됩니다.

9

AI 엔지니어가 되었다면

● 콘셉추얼 스킬

사물의 개념(콘셉트)을 파악하여 본질을 파악하는 기술입니다. 본질은 그 사물이나 사건에서 떼어낼 수 없는 근본적인 성질이나 요소를 나타내는 말입니다. 본질을 파악함으로써 문제를 명확히 하고 해결책을 도출할 수 있습니다. 개념적 스킬은 프로젝트 매니저 등 AI 시스템 개발팀을 이끄는 인재에게 필요합니다.

기술적 스킬이나 휴먼 스킬과 달리 하루아침에 습득할 수 있는 스킬이 아닙니다. 본질을 파악할 수 있는 능력을 갖추기 위해서는 222쪽에서도 설명했듯이, 꾸준한 경험을 쌓는 것이 가장 좋은 방법입니다. 고객의 과제를 어떻게 해결할 수 있을지 고민하고, 실행한 결과를 되돌아보고 평가하는 것부터 시작하면 좋을 것입니다.

정리

- ▣ 개발 현장에서는 비즈니스 스킬이 필요하다
- ▣ 비즈니스 스킬은 업무 수행에 필요한 기술로 '테크니컬 스킬', '휴먼 스킬', '콘셉추얼 스킬'로 분류된다
- ▣ AI 스킬이나 애플리케이션 개발 스킬은 테크니컬 스킬에 해당한다
- ▣ 휴먼 스킬은 업무 수행에 필요한 소통 능력이다
- ▣ 개념적 스킬은 본질을 파악하고 과제 해결 방법을 도출하는 능력이다

60 최첨단 기술이기 때문에 계속 공부해야 한다

AI와 관련된 기술은 나날이 발전하고 있습니다. 새로운 기술이 발표되거나 기존 기술에서도 문제점이 발견되는 등 많은 정보가 쏟아져 나오고 있습니다. 평소에 적극적으로 정보를 쫓아 가는 자세를 갖는 것이 중요합니다.

◉ 신기술의 전용

AI 관련 기술은 나날이 발전하고 있습니다. 요즘은 대량의 학습용 데이터로 AI 모델을 학습시켜 소설을 쓰고, 작곡을 하고, 그림을 그리는 등 인간의 창작 활동에 가까운 일을 할 수 있게 되었습니다.

이러한 새로운 기술을 시스템화하여 문제 해결에 활용할 수 있는지 검토하는 것도 AI 엔지니어의 일 중 하나입니다.

■ AI 기술로 창작 활동도 실현되고 있다

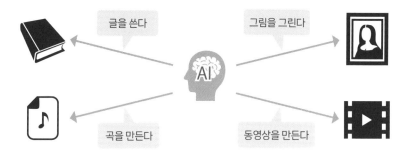

글을 쓴다   그림을 그린다

곡을 만든다   동영상을 만든다

◉ 최신 정보 찾기

국내외를 막론하고 AI에 대한 관심은 매우 높고, 정보도 활발하게 유통되고 있습니다. 책뿐만 아니라 인터넷에도 연구 논문이나 리서치 페이퍼가 공개되어 있기에 새로운 정보를 습득하는 데 도움이 됩니다. 그 외에도 AI 시스템을 개발하는 기업이나 AI 엔지니어, 연구자 등도 정보를 제공하고 있습니다.

■ AI를 둘러싼 정보 제공의 예

발신자	내용
연구논문이나 리서치 페이퍼	대학이나 연구기관 등의 연구 논문이나 리서치 페이퍼를 공개하고 있다. 또한 연구 논문이 정리된 웹 사이트도 있다
AI 시스템의 개발 기업의 언론 보도	다양한 AI계 기업의 언론 보도로 새로운 기술의 정보나 서비스에 관해 발표할 수 있다. 실용화된 기술의 배경, 목적, 성과 등을 읽을 수 있다
AI 시스템의 개발자 블로그	개발자 블로그를 운영하는 IT 기업이 있다. 최전선에서 일하는 AI 엔지니어의 기술 설명이나 관심사를 읽을 수 있다
SNS	더욱 빠른 정보 수집은 제일선에서 활약하는 연구자의 SNS를 팔로우하는 것이다. SNS에 올린 글의 주목도나 반향 등을 통해 연구의 임팩트와 신빙성도 금방 알 수 있다

● 너무 최신의 정보에는 주의

인터넷에서 발신되는 새로운 정보는 신빙성이나 실용성이 없어도 새롭다는 이유로 화제가 되는 경우가 있습니다. 주목도가 높다고 해서 반드시 유익한 정보인 것은 아닙니다. 새로운 정보에 무턱대고 뛰어들지 말고, 어느 정도 검증이 이루어지기 전까지는 참고 정도로만 활용하는 것이 안전합니다.

COLUMN 학회지

서점에서는 판매되지 않지만, 학회에서 발행하는 학회지에도 논문이나 연구자가 작성한 기사가 게재됩니다. 논문에는 '재현성(다른 사람도 그 논문대로 하면 같은 결과가 나올 수 있는지)'에 대한 책임이 있고, 제삼자의 심사를 거칩니다. 이 때문에 정보의 전달 속도는 인터넷에 비해 떨어지지만, 내용의 정확성과 중립성이 어느 정도 보장됩니다.

○ 이벤트 참여하기

개인이 개최하는 소규모 스터디 모임부터 기업이 주최하는 대규모 컨퍼런스까지 다양한 형태로 정보가 제공됩니다. 참가 제한이 있는 행사도 있지만, 웹사이트를 통해 신청하면 누구나 참가할 수 있는 행사도 있습니다. 행사 중에는 연사나 일반 참가자들과 소통할 수 있는 시간이 마련되어 있는 곳도 있습니다. 다양한 기업에서 활약하고 있는 AI 엔지니어나 연구자와의 만남을 가질 수 있으니 관심 있는 행사가 있다면 참여해 보기 바랍니다.

■ 이벤트의 예

종류	내용
스터디 모임	IT 기업의 직원이나 오픈 소스 개발자, 유저 모임 등이 모여 다양한 스터디 모임을 열고 있다. 스터디 참가자는 SNS나 웹 사이트 등에서 널리 모집한다
학회	원칙적으로 유료이며, 비회원은 회원보다 비싸다
컨퍼런스	기업이 주최 혹은 공동주최하는 컨퍼런스는 초대제인 경우가 많지만, 일반 참가자를 모집하는 경우도 있다. Python 커뮤니티인 PyCon이나 Amazon의 AWS Summit 은 강연을 동영상으로 볼 수도 있다

○ 도메인 지식 강화하기

AI 시스템을 개발하기 위해서는 금융업이라면 주식의 규칙, 유통업이라면 계절별 트렌드 등 해당 산업별 도메인 지식이 필요합니다. 데이터의 연관성과 의미를 알지 못하면 전처리나 하이퍼 파라미터를 조정할 수 없습니다. 또한 평가할 때도 충분한 정확도가 있는지 여부를 제대로 판단할 수 없습니다.

이러한 도메인 지식은 동종 업계 기업마다 다를 수 있습니다. 해당 산업의 기초 지식은 책 등을 통해 습득하고, 세세한 부분은 고객사에 물어보면서 이해해 나가야 합니다.

또한, 프로젝트 매니저 등의 직책으로 고객과의 교류가 잦은 경우, 상대방의 업계 지식을 알고 있는 것이 커뮤니케이션을 원활하게 진행할 수 있습니다.

9

AI 엔지니어가 되었다면

■ 최신 정보 수집하기

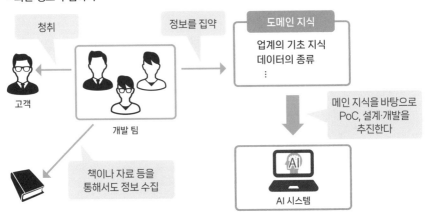

  영어와 수식

세계를 선도하는 최신 기술의 논문이나 자료는 대부분 영어로 작성되는 경우가 많습니다. 국내 기술자들도 영어로 논문이나 기사를 작성합니다. 한국어로 번역되는 것도 있지만, 시간이 오래 걸리고 모든 것이 번역되는 것은 아닙니다. 이런 논문이나 기사를 읽으려면 영어나 수식을 이해할 수 있는 수준이 되어야 하는데, AI 기술 관련 논문이나 기사에는 수식이 자주 등장합니다. 수식을 작성하는 방식은 전 세계적으로 공통된 방식이기 때문에 영어를 읽지 못해도 참고할 수 있을 것입니다.

정리

▷ AI 기술에 대한 정보는 논문, 보도자료, 개발자 블로그, SNS 등을 통해 얻을 수 있다

▷ 인터넷에서 발신되는 새로운 정보는 신뢰도나 실용성이 부족할 수 있으므로 주의가 필요하다

▷ AI 시스템 개발을 위해서는 대상 산업의 도메인 지식이 필요하다

61 스텝 업을 위해

제 몫을 하는 AI 엔지니어로 활약할 수 있게 되었다면, 그 다음 단계의 길도 조금씩 살펴보세요. 폭넓은 지식으로 프로젝트를 주도하는 제너럴리스트가 되는 길과 기술력을 높여 스페셜리스트가 되는 길이 있습니다.

● 운영에서 한 단계 업그레이드

222쪽에서 설명했듯이, AI 시스템 운영, 데이터 집계, 통계 등 꾸준한 경험을 쌓아 AI 엔지니어에게 필요한 기술을 습득해 나가야 합니다. 차근차근 경험을 쌓아 선배의 도움 없이도 AI 시스템을 운영할 수 있게 되거나 신규 AI 시스템 개발에 참여할 수 있게 되면, 한 사람의 AI 엔지니어로 활약할 수 있게 됩니다.

AI 엔지니어의 길은 크게 관리 업무를 담당하는 제너럴리스트와 기술력을 높여 스페셜리스트를 목표로 하는 길로 나뉩니다.

■ AI 엔지니어가 된 이후

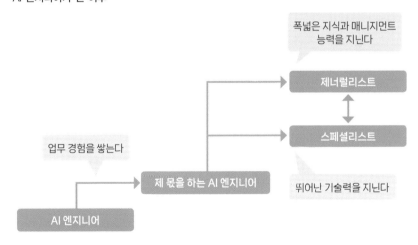

● 제너럴리스트

제너럴리스트 대부분은 PM으로서 시스템이나 프로젝트 전반을 관리합니다. 또한 프로젝트 예산 협상과 납기 설정, 고객의 기대치 조정과 사양 조율 등 폭넓은 대응이 요구됩니다. 때로는 신규 고객을 개척하는 경우도 있기 때문에 영업 스킬이 있으면 좋습니다.

새로운 AI 시스템을 제공하고자 한다면, PM으로서 제로베이스에서 기획을 구상하고 영업을 통해 실현할 수 있을 것입니다.

● 스페셜리스트

기술력을 높여 시스템 제안, 설계 등을 수행하며 기술을 책임지는 포지션입니다. 때로는 개발 작업을 원활하게 진행하기 위해 누가 어떤 처리의 개발을 담당할 것인지 등 엔지니어의 업무 관리도 담당합니다. 다른 엔지니어들이 질문이나 상담을 하는 포지션이기 때문에 높은 기술력이 요구됩니다.

개발 업무를 중심으로 하고 싶다면 기술력으로 승부하는 스페셜리스트를 목표로 하는 것이 좋습니다.

○ 데이터 사이언스

선배 AI 엔지니어의 도움을 받지 않고 AI 모델을 구축하거나 데이터 사이언티스트의 업무를 담당하기 위해서는 데이터 사이언스를 익혀야 합니다.

데이터 사이언스는 대량의 데이터를 분석하여 거기서 인사이트(새로운 정보, 연관성, 법칙성 등)를 도출하는 학문입니다. 이는 AI 모델을 구축하는 데 있어 필수적인 AI 스킬 중 하나입니다. 80쪽에서도 소개했듯이, 통계나 수학 등의 지식을 쌓으면 최적의 AI 모델 구축에 활용할 수 있습니다. 또한 대량의 데이터를 다루기 때문에 SQL(Structured Query Language)이라는 데이터베이스를 조작하는 언어도 다룰 수 있어야 합니다. 수집한 데이터를 분석하기 위해 마케팅이나 분석하는 산업에 대한 지식이 필요할 때가 있는데, 종사하는 산업에 따라 필요한 마케팅이나 산업 지식이 다르기에 꾸준히 업무 경험을 쌓아나가면서 쌓아가는 것이 좋습니다.

데이터 사이언스는 제너럴리스트, 스페셜리스트 중 어느 쪽을 목표로 하든 필요한 지식입니다. 제 몫을 하는 AI 엔지니어에서 한 단계 더 도약하기 위해서는 데이터 사이언스에 필요한 지식을 습득하는 것을 목표로 해야 합니다.

■ 데이터 사이언티스트를 뒷받침하는 학문 분야

● AI를 뒷받침하는 기술

9

AI 엔지니어가 되었다면AI 엔지니어가 되었다면

1958년 '인공지능'이라는 학문 분야가 정의된 이후, AI는 여러 차례 화제를 불러일으켰다가 '실익이 없다'는 이유로 관심에서 멀어지는 역사를 지나왔습니다. 하지만 현재 '딥러닝'이 활약하고 있는 AI 엔지니어링에서는 실제로 신제품이나 업무 효율화 등 실익을 창출하고 있습니다.

더욱 폭넓은 지식을 쌓기 위해서라도 AI를 뒷받침하는 기술에 대해 알아두면 좋습니다. 현재 AI 엔지니어링의 원동력이 된 주요 기술 혁신은 다음과 같습니다.

■ AI 엔지니어링의 원동력이 된 주요 기술 혁신

항목	개요
인터넷	ADSL이나 FTTH 나아가 Wi-Fi나 5G 등, 통신 속도의 고속화가 눈부시다. 기기의 소형화에 따라 IoT가 발전하고, 대량의 데이터를 송신할 수 있게 되었다
클라우드	개인이나 한 기업에서 마련하기 어려운 수준의 고속 계산이 가능한 컴퓨터를 시간 단위로 빌릴 수 있게 되었다. 또한 이미 학습 완료된 AI 시스템도 제공되므로 처음부터 만들 필요가 없어졌다
빅데이터	대량 데이터, 비정형 데이터의 보존과 검색을 쉽게 하는 데이터 관리 시스템이 AI에 필요한 데이터 수집이나 관리에 이용된다

241

범용 GPU	그래픽칩 제조회사가 GPU에 범용 처리를 시키는 플랫폼을 제공하게 된 것이 고속·병렬 처리를 가능케 했다
센서	각종 센서가 값이 싸지고, 정확도가 높아짐에 따라 학습시켜야 할 데이터의 질과 양이 향상되었다
디지털카메라	고화질 이미지 데이터를 쉽게 얻을 수 있게 되었다. 최근의 디지털카메라는 Wi-Fi나 Bluetooth가 탑재된 기종도 있어서 단거리라면 이미지를 직접 송신할 수 있다
드론	개인이나 조직 단위로 다양한 장소로 카메라를 가져가 원격에서 촬영하는 것이 쉬워졌다. 교통의 흐름, 재해 상황 등을 이미지나 동영상으로 얻을 수 있다

○ 한 단계 더 나아가기 위해

제너럴리스트와 스페셜리스트 중 어느 쪽을 목표로 하든 공통점은 '계속 배우기' 입니다. AI 엔지니어가 된 후에도 업무를 통해 경험을 쌓으며 지식의 폭을 넓혀나가야 합니다. 할 수 있는 일을 늘려가면서 꾸준히 한 단계씩 올라갈 수 있을 것입니다.

정리

▶ AI 엔지니어가 한 발 더 나아가는 길에는 제너럴리스트와 스페셜리스트가 있다

▶ AI 엔지니어가 된 후에도 계속 배우는 자세가 중요하다

Index

ZUKAI SOKUSENRYOKU AI ENGINEER NO JITSUMU TO CHISHIKI GA
KORE 1 SATSU DE SHIKKARI WAKARU KYOKASHO by AI engineer kenkyukai
Copyright © 2021 AI engineer kenkyukai
All rights reserved.
Original Japanese edition published by Gijutsu-Hyoron Co., Ltd., Tokyo

This Korean language edition published by arrangement with Gijutsu-Hyoron Co., Ltd.,
Tokyo in care of Tuttle-Mori Agency, Inc., Tokyo, through Shinwon Agency Co., Seoul.

풍부한 그림과 함께 알아보는
AI 엔지니어의 모든 것

2023년 9월 5일 초판 인쇄
2023년 9월 10일 초판 발행

펴낸이 | 김정철
펴낸곳 | 아티오
지은이 | AI 엔지니어 연구회
번 역 | 박재이
마케팅 | 강원경
표 지 | 김지영
편 집 | 이효정
전 화 | 031-983-4092~3
팩 스 | 031-696-5780
등 록 | 2013년 2월 22일
정 가 | 23,000원
주 소 | 경기도 고양시 일산동구 호수로 336 (브라운스톤, 백석동)
홈페이지 | http://www.atio.co.kr

* 아티오는 Art Studio의 줄임말로 혼을 깃들인 예술적인 감각으로 도서를 만들어 독자에게 최상의 지식을
  전달해 드리고자 하는 마음을 담고 있습니다.

* 잘못된 책은 구입처에서 교환하여 드립니다.
* 이 책의 저작권은 저자에게, 출판권은 아티오에 있으므로 허락없이 복사하거나 다른 매체에 옮겨 실을 수 없
  습니다.